# 東アジアのイノベーション

Kimura Koichiro
木村公一朗［編］

## 企業成長を支え、起業を生む〈エコシステム〉

作品社

# はじめに

イノベーションの波が世界に広がっている。ＩｏＴ（モノのインターネット）やＡＩ（人工知能）などを活用した新しい製品・サービスやビジネスモデルが、世界中の人びとの生活や仕事のあり方を一変させている。しかも、変化の発信源は、いま、日米欧という伝統的な先進国に限らない。アイディアの基本は米国発のものも依然として多いが、各国・地域の企業が現地で応用したり、競争のなかで差別化するなかで、新たな進化を遂げる例も多い。

イノベーションは、大企業によるＲ＆Ｄ（研究開発）の成果ばかりではなく、起業家によるものも増えている。それを支えるのが、起業のためのエコシステム（生態系）だ。大企業のように資金面や人材面、施設面などの経営資源が豊富でなかったとしても、起業家が投資家から資金を調達したり、事業を営むために必要な施設を他の起業家と共有することなどが容易になれば、起業のハードルは低下する。

このような起業を生み出す仕組みは、シリコンバレーをはじめとした一部の地域でとくに発展していたが、近年、新興国も含めた世界各地の都市に広がっている。

そこで、本書では、東アジアのなかでも起業の話題が増えたシンガポールや台湾、中国を対象に、起業を通じたイノベーションを支える環境がどのように発展してきたのかを紹介する。また、本書で取り上げられなかった内容をコラムとして補完した。エコシステムを構成する要素のひとつひとつは、一九九〇年代から時間をかけて発展してきたものも多い。それらが、各国・地域の事業環境の変化や世界的な技術変化を受けた起業機会の拡大とも合流し、世界経済の地殻変動が起きている。起業を通じたイノベーションの増加は、世界経済の大きな変化を理解するうえでの重要な一部となっている。

本書の具体的な特徴はつぎのとおりである。第一は、東アジア経済に関するトピックのなかでも、近年の起業やエコシステムの発展を取り上げている点だ。これまでは、日本の成長経験を基準に、各国・地域がどのような成長過程を歩んでいるのか、どれくらいの所得水準になったのかを理解することが多かった。しかし、日本ではあまり発展しなかった新ビジネスが、米国以外でも急増するようになり、日本の経験では世界を理解することが困難になった。本書で紹介する近年の東アジアの変化が、東アジアはもとより、世界の新しいダイナミズムを理解する一助になればうれしい。

第二は、起業やエコシステムに関するトピックのなかでも、東アジアの動向を取り上げている点である。これまでは先進国の動きが話題の中心だったが、近年は、新興国を含む全世界への関心も高まっている。本書の執筆者の多くはこれまで東アジアの企業成長や産業発展に注目してきたので、エコシステムの発展過程を東アジア経済のそれに位置づけながら紹介する。

本書が取り扱うテーマは変化が速く、情報そのものの賞味期限は短い。そこで本書では、各地の経済構造がどのように変化し、また、エコシステムというさらなる経済成長のための新しい回路がどのように発展してきたのかを、少し長い時間軸のなかで位置づける。このこころみが、今後の変化を展望するための礎になることを願っている。また、本書で取り上げた事例が、その他の国・地域におけるスタートアップの行動や、エコシステムのあり方の違いを浮き彫りにするきっかけになれば、筆者にとって望外の喜びである。

なお、企業・組織名は読みやすさを考慮してなるべくカタカナ表記にした。しかし、そうすることで分かりにくくなる恐れのあるものは、現地で通用しているアルファベット表記や漢字表記のままとした。

編　者

# 目次

# 東アジアのイノベーション

# 序　章　東アジア経済の変化
## イノベーションの新たな担い手

木村　公一朗・牧　兼充

## 一　起業を通じたイノベーションとエコシステム

日本における起業活動は活発ではないといわれる。世界の起業動向を調査しているＧＥＭ（Global Entrepreneurship Monitor）は、一般成人（一八〜六四歳）のうち、起業の準備をしているか起業後三年半までの人口の割合として、ＴＥＡ（Total Entrepreneurial Activities：総合起業活動指数）を公表している[1]。二〇一七年のＴＥＡは、日本が四・七パーセントだったのに対し、米国は一三・六パーセント、韓国は一三・〇パーセント、中国は九・九パーセントであった。フランスが三・九パーセント、ドイツが五・三パーセントであったこととくらべると、日本だけがとくに低いわけではないが、世界的にみて低水準に属する。

起業環境は、資金調達や政策、起業家教育、専門家の充実度、文化・社会規範など、広範な見地から評価される。ＧＥＭの関連指標をみると、日本でも近年、環境は整備されてきた。ただし、世界の他の地域も充実してきたことを考慮すると、起業家からみた相対的な魅力をさらに高めていく必要がある。

起業環境を重要視する背景には、新しい技術やビジネスモデルを使って急成長を目指すスタートアップと呼ばれる新興企業が、イノベーションにとって重要になっているからだ。ベンチャー企業という和製英語も急成長する新興企業の意を含むが（松田二〇一四）、スタートアップは急成長という特徴をとくに強調した概念である（巻末の「エコシステムの構成要素」参照）。

イノベーションとは、新しい製品・サービスやビジネスモデル、製法、組織のあり方などを通じて、社会に新しい価値をもたらすことで、経済成長や企業成長の源泉のひとつである。つまり、イノベーションは技術革新に限らない広い概念だ。イノベーションの担い手としては、既存企業の役割ももちろん大きいが、スタートアップが既存ビジネスを破壊（ディスラプト）し、これまでとはまったく異なる産業構造に変えていく可能性もあるため、世界の注目が集まっている。

企業価値が一〇億ドル以上にまで急成長した未上場のスタートアップは、伝説上の動物にたとえてユニコーンと呼ばれる。珍しい存在であったはずのユニコーンも増加しており、スタートアップ関連の情報を提供するCB Insightsによれば、二〇一九年四月時点で三三六社だった。スタートアップやユニコーン増加の波は、シリコンバレーを中心とした米国から、世界中の大都市に広がっている。

ユニコーンは米国発が一六六社でおよそ半数を占めるが、東アジアから西アジアにいたるアジア発も一二二社でおよそ四割弱を占める。なかでも、中国（香港を除く）発が九〇社で、米国に次ぐ数であった。一方、日本発は、ＡＩ（人工知能）関連のプリファード・ネットワークスとフィンテック関連のリキッドの二社であった。イノベーション拠点は、日欧米先進国が大半を占めた時代とくらべて、世界的な分散化が進んでおり、起業を通じたイノベーションはこの勢いを加速させている。

スタートアップの存在感が高まっている背景には、各国・地域ごとのローカルな経済事情に、グローバルな技術変化が合流したことと関係している。各地でさらなる経済成長や産業構造の転換のため、イノベーションへの期待が高まっている。また、国・地域を問わず、IoT（モノのインターネット）やビッグデータ、AIなどをはじめとした技術変化が、世界中で広がっている。第四次産業革命とも呼ばれる実世界（フィジカル空間）とコンピュータ・ネットワーク上の空間（サイバー空間）の融合などによって、既存産業は産業の境界を越えて大きな変化にさらされている。

一方で、複数の技術領域や産業にまたがる新しい製品やサービスを生み出す余地が増えたことは、機敏に事業を営むことのできる起業家に大きなチャンスをもたらした。既存大手による継続的なR&D（研究開発）活動ばかりでなく、起業を通じたイノベーションとして、起業家が新たな事業を立ち上げることで生まれるイノベーションも増えた。

ただし、技術変化という機会を生かすには、イノベーション活動を行なうための条件を満たす必要がある。前述の背景だけでイノベーションが起こるのであれば、あらゆる国・地域の企業はイノベーション活動を必要とするときに、これを実施することができることになる。しかし、スタートアップにとっては、事業を起こすための優れたアイディアがあったとしても、それをかたちにし、また、拡大させるための経営リソースは、長年事業を営んできた既存企業とくらべれば一般に少ない。また、起業やイノベーションはリスクが非常に高い。

したがって、起業を通じたイノベーションを育むため、さまざまな主体から成る環境としてのエコシ

図０－１　エコシステム

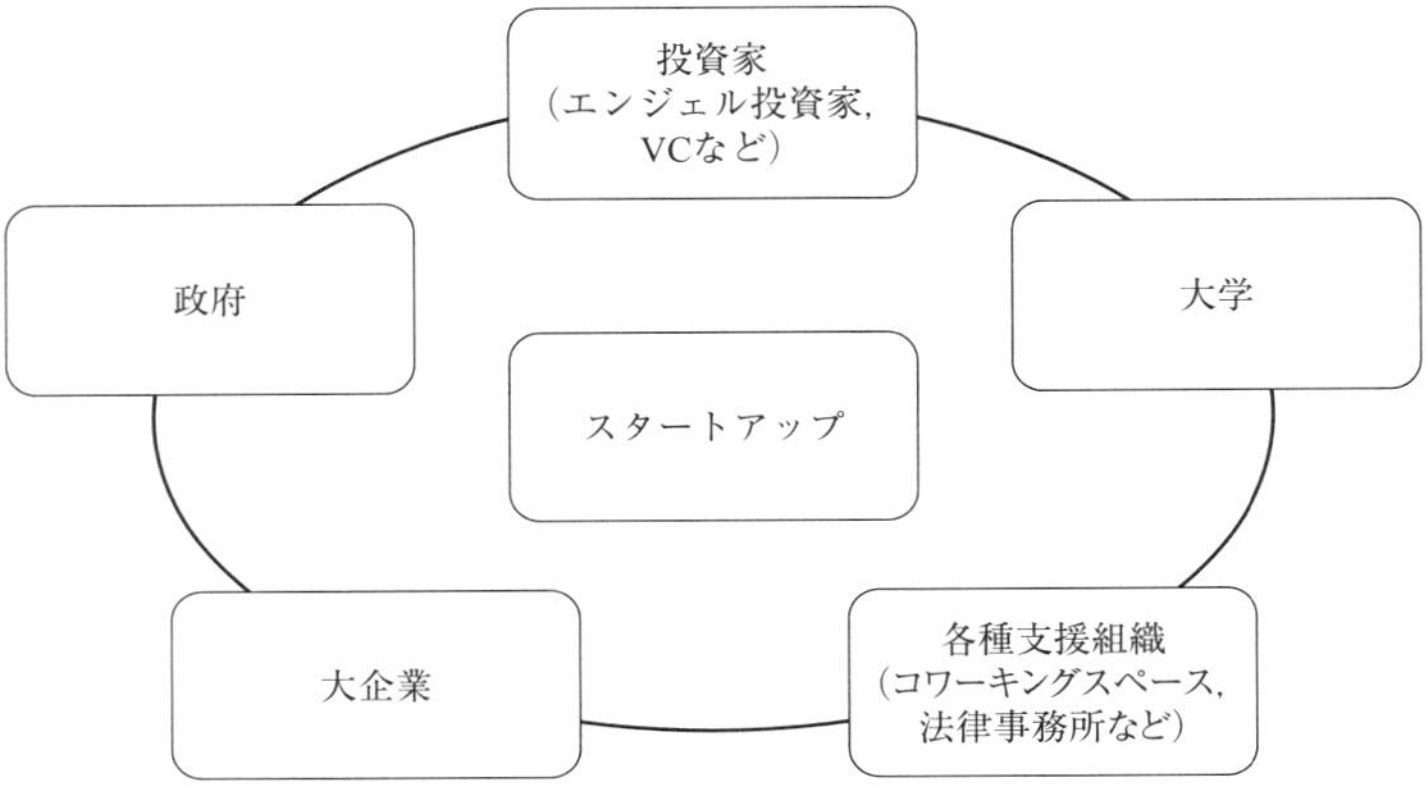


出所：筆者作成。

ステム（生態系）が必要となる（図０－１）。その要素は多様で、スタートアップに出資する個人投資家としてのエンジェル投資家や、ファイナンス企業としてのＶＣ（ベンチャーキャピタル）が存在する（松田 二〇一四）。また、起業家教育や事業化支援を行なう大学、起業家支援を行なう政府、共同で利用するオフィスを提供したり、起業家ネットワークの形成に貢献するコワーキングスペース、製品開発や事業化のハードルを引き下げる企業も含まれる。それぞれの要素が相互に関係し合いながら、起業のあらゆる側面、あらゆる成長段階を支える。

エコシステムは、シリコンバレーやニューヨーク、深圳、東京など、地域単位で広がっている。各地でエコシステムが発展することで、イノベーションを生み出す新しいサイクルが形成されるようになった。

そこで本書では、起業を通じたイノベーションに関するトピックのなかでもエコシステムに注目し、その発展と起業を通じたイノベーションに対する役割を紹介する（図０－２）。もちろん、起業を通じたイノベーションと、

図０－２　本書の主なトピック

出所：筆者作成。

それを支えるエコシステムとの関係にしても、その最終的な影響との関係については、それぞれ相互依存的な面があるため、単純に一方向でとらえられるわけではない。起業する側が必要とする支援と、起業を支援する側が必要とするニーズはタマゴとニワトリの関係にも似ている。検討すべき点は多いが、本書では起業を通じたイノベーションが活発になっていることを中心に据えて、まずはその背景に注目する。本書は東アジア地域にフォーカスするが、東アジアのあらゆる国・地域、また、エコシステムのあらゆる側面を取り上げられるわけではない。本書では、エコシステム間のつながりと、エコシステム内の充実にとくに注目する。

　起業はあるエコシステムのなかだけで完結しているわけではなく、必要なリソースに応じて、シリコンバレーや他の地域のエコシステムとのつながりも強めながら活発化している。そこで、本書では、世界からの起業家の集積を目指すシンガポールと、シリコンバレーとのつながりを長期的に形成してきた台湾を取り上げ、グローバルな起業家支援の一端を明らかにする。

　一方で、エコ「システム」と呼ぶように、エコシステムはひとつの要素だけが発展すればよいわけではなく、起業家の増加も含め、相互依存関係にある多様な構成要素が発展する必要がある。そこで、世界の注目が集まる中国の起業を通じたイノベーションを取り上げ、コワーキングスペースやＶＣ、大学の役割、オープンソースやインターネットの利用を支える仕組みの広がりを紹介する。エコシステム間のつながりと、エコシステム内の充実の双方を取り上げることで、最近の東アジアの起業とイノベーションの活発化の特徴をエコシステムから紹介したい。

そして、エコシステムの各側面の事例を通じて、起業を通じたイノベーションの活発化を、東アジア経済の発展プロセスのなかに位置づけたい。エコシステムのあらゆる側面が近年になって突然発展したわけではなく、時間をかけて発展してきたものが、エコシステムの一要素としてつながったものも多い。そこに、第四次産業革命という事業機会を活かそうとする、起業家や政府の動きが加わり、いま、エコシステムと呼ばれるものの規模が拡大したり、エコシステムを担う新たなプレイヤーが参加するようになった。そのため、エコシステムの発展のスピードも、どのような特徴のあるエコシステムが発展しているのかも、かなり多様なものになる。

シリコンバレーをはじめとした米国のエコシステムと比較しても、東アジアのエコシステムには共通点もあるが、後から発展してきたことがきっかけとなって、異なる点もある。アジア経済とそのエコシステムは依然として変化の途上にあり、現段階で最終的な結論や評価を下すことは難しい。その前提のうえで、東アジアの経済や産業のあり方がどのように変化してきたのか、また、その過程で起業やイノベーションにどのような役割を果たしてきたのかを示してみたい。

そこで、以下の節では、まず第1章以降の議論全体にかかわる話題として、スタートアップが増えた背景を東アジア経済と技術の変化に分けて概観する（第一節）。続いて、エコシステムをめぐる先行研究を整理するとともに、米国やアジアの特徴をくらべる（第二節）。そして最後に、各章の概要を紹介しておこう。

## 二　イノベーション重視とその背景

### (1) 起業を通じたイノベーション

東アジア経済のさらなる成長のため、企業によるイノベーション活動が年々重要になっている。持続的な経済成長のためには、労働力や資本を投入するばかりではなく、R＆D活動などを通じた技術進歩や生産性の向上が必要だからだ（Aghion & Howitt 2009）。イノベーション活動のなかでも近年は、起業を通じたイノベーションへの注目が高まっている。

もちろん、起業そのものは最近の現象に限った話ではない（Santarelli ed. 2006）。むしろ、東アジアの経済成長そのものが起業の歴史でもあった（Dana et al. eds. 2009）。中国をみても、国有企業の存在感は依然として大きいものの、無数の民間企業の参入と競争によって経済が成長してきた（丸川 二〇一三）。ただし、近年の事業環境の変化によって、新しい技術やビジネスモデルを応用した製品・サービス開発の機会が増えたり、エコシステムの充実によって起業のハードルが下がった点は過去との不連続性を示している。その結果、スタートアップの叢生にも注目が集まるようになった[2]。

世界で起業を通じたイノベーションを前提とした経済が広がるなか、前述のとおり、東アジアでもユニコーンが増えている。なかでも、中国（香港を除く）発が九〇社と東アジアからの企業の多数を占める。

表0―1のとおり、上位二〇社に限っても、米国と並んで中国発のユニコーンが多い。中印の場合には人口規模が非常に大きいこと、また、中国の場合には独自のインターネット環境が存在しているという背景もあるが、ユニコーンのような巨額の出資を受ける企業も増加した。

そして、これらの企業が上場していけば、米国のアマゾン（Amazon）やグーグル（Google、アルファベットが運営）、中国のテンセント（騰訊）やアリババ（阿里巴巴）といった一九九〇年代半ば以降に生まれたインターネット関連企業のように、世界の産業構造を激変させる巨大企業になっていく可能性もある。

ただし、多くの国・地域で起業を増やすことへの関心が高まっているが、起業の活発さは所得水準の上昇とともに低下傾向にあることにも注意が必要だ。図0―3は、二〇一七年時点の一人あたりGDP（国内総生産）とTEAの関係をみたものである。経済成長とともに経済が成熟すると、既存企業に雇用が集まる傾向があるため、一般に起業率は低下する。また、経済成長とともに起業の中身も変化する。所得水準が低い段階では生計確立型の起業が相対的に多いが、所得水準の向上とともに事業機会型のものが増加する傾向にある（株式会社野村総合研究所二〇一六）。

所得水準の向上によってTEAが下落したり、起業目的が変化するという各国・地域に共通した動きはあるものの、図0―3のとおり、あらゆる所得水準でTEAには大きなばらつきがあることも大きな特徴だ。一人あたりGDPが約一〇〇〇ドルから一万二〇〇〇ドルの中所得国では、TEAが一桁パーセント台から約三〇パーセントという幅がある。[3] また、同約一万二〇〇〇ドル以上の高所得国になると、TEAは平均的に下落するが、それらの国・地域のあいだでも一桁パーセント台から約二〇パーセント

表０－１　ユニコーン上位20社（2019年４月５日時点）

| 企　業 | 企業価値（億ドル） | ユニコーンになった日 | 国 | 産　業 |
|---|---|---|---|---|
| バイトダンス（ByteDance） | 75 | 2017/ 4/ 7 | 中国 | デジタル・メディア／AI |
| ウーバー（Uber） | 72 | 2013/ 8/23 | 米国 | オンデマンド |
| 滴滴出行（DiDi） | 56 | 2014/12/31 | 中国 | オンデマンド |
| ウィーワーク（WeWork） | 47 | 2014/ 2/ 3 | 米国 | 施設 |
| エアービアンドビー（Airbnb） | 29 | 2011/ 7/26 | 米国 | EC／マーケット・プレイス |
| ストライプ（Stripe） | 23 | 2014/ 1/23 | 米国 | フィンテック |
| スペースX（SpaceX） | 19 | 2012/12/ 1 | 米国 | その他の交通 |
| JUUL Labs | 15 | 2017/12/20 | 米国 | コンシューマ・エレクトロニクス |
| エピック・ゲームズ（Epic Games） | 15 | 2018/10/26 | 米国 | ゲーム |
| ピンタレスト（Pinterest） | 12 | 2012/ 5/19 | 米国 | ソーシャル |
| Bitmain Technologies | 12 | 2018/ 7/ 6 | 中国 | ブロックチェーン |
| Samumed | 12 | 2018/ 8/ 6 | 米国 | バイオテクノロジー |
| Global Switch | 11 | 2016/12/22 | 英国 | コンピュータ・ハードウェアとサービス |
| グラブ（GrabTaxi） | 11 | 2014/12/ 4 | シンガポール | オンデマンド |
| パランティア（Palantir Technologies） | 11 | 2011/ 5/ 5 | 米国 | ビッグデータ |
| DJI（DJI Innovations） | 10 | 2015/ 5/ 6 | 中国 | ハードウェア |
| One97 Communications | 10 | 2015/ 5/12 | インド | フィンテック |
| ゴジェック（Go-Jek） | 10 | 2016/ 8/ 4 | インドネシア | オンデマンド |
| インフォア（Infor） | 10 | 2016/11/16 | 米国 | インターネット・ソフトウェアとサービス |
| Coupang | 9 | 2014/ 5/28 | 韓国 | EC／マーケット・プレイス |

出所：CB Insights（https://www.cbinsights.com/research-unicorn-companies，2019年４月5日アクセス）。

図0－3　所得水準とTEA

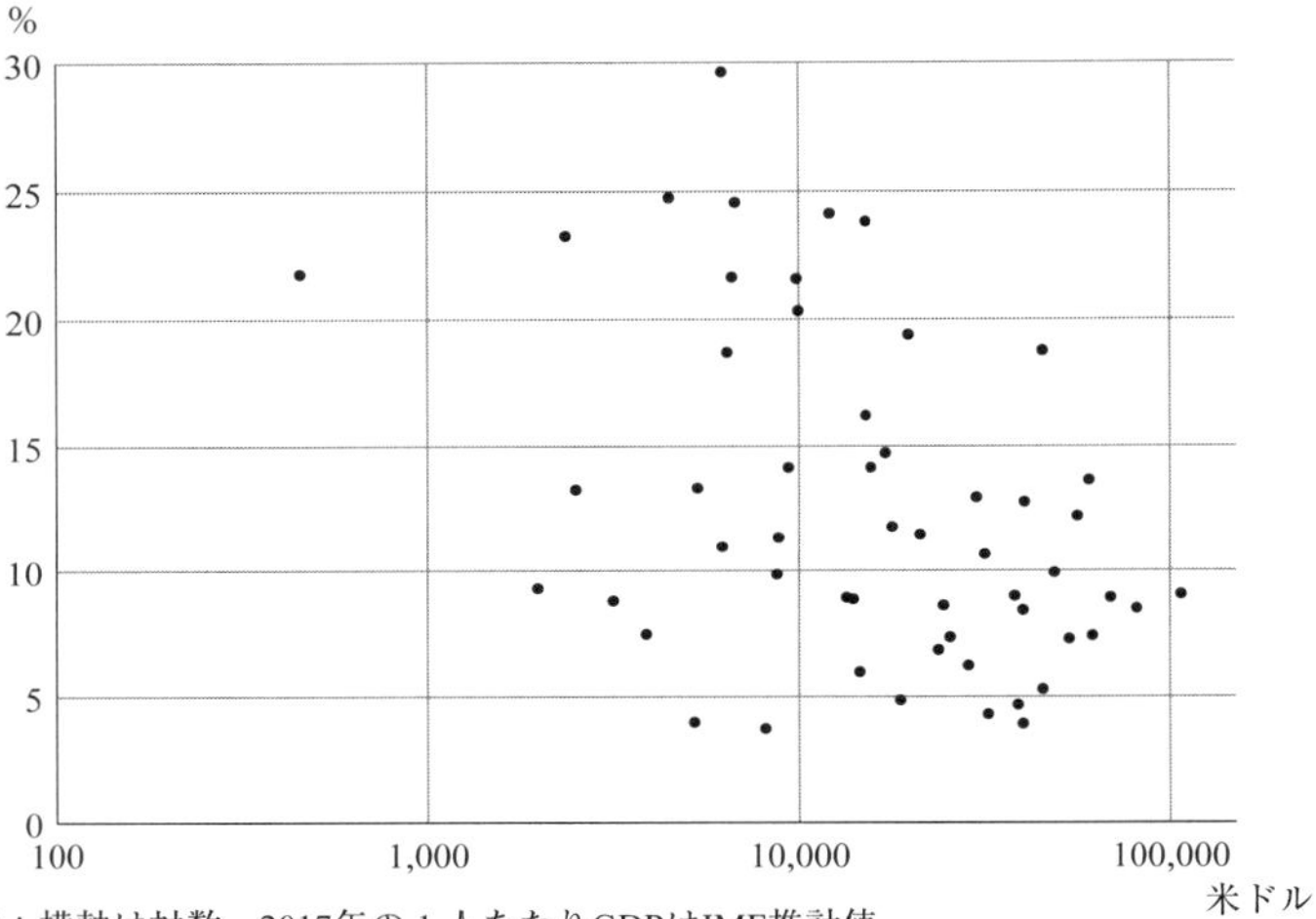


註：横軸は対数。2017年の１人あたりGDPはIMF推計値。
出所：所得水準はIMFのWorld Economic Outlook（WEO），TEAはGEMにもとづき筆者作成。

という幅がある。

## （2）東アジア経済と技術の変化

起業を通じたイノベーションが活発になっている背景には複数の動きがある。イノベーションによって成長のチャンスをつかもうとする動きと、第四次産業革命によって新たなチャンスが生まれていることがあげられる（シュワブ二〇一六）。

東アジアの多くの国・地域は戦後、工業化を通じて急速な経済成長を実現してきた（渡辺一九九五）。各国・地域の成長プロセスは、成長のスピードからみても、産業構造の変遷からみても多様だが、豊富な労働力を活かして、縫製や機械の加工・組立などの労働集約型産業が発展したという共通点もある。

そして、相対的に労働力が不足し、資本が豊富になってくると、素材・材料などにかかわる資本集約型産業の発展や、産業構造の高度化や製品開発に向けた知識・技術集約型産業の発展を追及する国・地域が増えた。戦後、早いタイミングで急成長しはじめたアジアＮＩＥｓ（新興工業経済地域）の韓国や台湾、香港、シンガポールでは、一九七〇年代から知識・技術集約型産業の発展が徐々に重視されるようになった。その後を追うＡＳＥＡＮ（東南アジア諸国連合）のタイやマレーシア、フィリピン、インドネシア（ＡＳＥＡＮ４）でも、たとえば、マレーシアでは一九九〇年代以降、ＩＣＴ（情報通信技術）やバイオテクノロジーを重視する政策が打ち出されるようになった（林編 二〇一五）。

多くの国・地域で、経済成長に対する資本と労働双方の投入効果が低下していることから、生産性の向上が重要となっている（遠藤ほか編 二〇一八）。東アジア各国・地域の成長段階は異なるが、高所得国の日本やアジアＮＩＥｓでは経済活性化とさらなる成長の可能性を追求するために、そして、中所得国のＡＳＥＡＮ４や中国では、中所得国から高所得国へ移行するために、Ｒ＆Ｄ活動の拡大が重視されている。

とくに中所得国のなかには、経済成長が停滞し、なかなか高所得国に移行できない、という「中所得国の罠（middle-income trap）」（あるいは中進国の罠）の問題に陥る国・地域も多い（Gill & Kharas 2007）。中所得国の罠を厳密に定義づけることは難しいが、所得水準や中所得国にとどまる期間の長さを基準に、東アジアのなかではＡＳＥＡＮ４はこの問題に直面していると考えられている。賃金が高騰してもなお、労働集約型産業発展のパターンからイノベーション型のそれへ転換できないことがその要因である。先進国の技術を取り入れる方法としても、ＦＤＩ（海外直接投資）を受け入れるばかりではなく、自国でのＲ＆Ｄを行なうことが重要になってくる（戸堂 二〇一五）。

多くのスタートアップも集まるワン・ノース（シンガポール）の一角（木村公一朗撮影）

そのため、イノベーションの担い手のひとつとして、起業家への期待が高くなっている。政府による起業支援の動きだけをみても、二〇〇〇年代半ばからスタートアップを対象としたものが各地で増加しつつある（コラム②参照）。

シンガポールでは二〇〇〇年代後半から、スタートアップへの資金提供も含めた支援策が充実するようになった。多国籍企業の存在感が大きいシンガポール経済ではあるが、徐々にグローバルな起業拠点としての注目を集めるようになっている（第1章）。

韓国では、エレクトロニクス産業や伝統的な重厚長大産業に偏った産業構造を多様化させるため、起業支援に向けたＶＣ業やインキュベータ、起業家教育を充実させるようになった[4]（コラム①参照）。その結果、起業は二〇〇九年ごろからモバイルの発展などを活用したブームが起きており、今後は量から質の追及が重視されるようになっている（金 二〇一七）。

また、台湾では、二〇一四年の「ひまわり学生運動」をきっかけに、若者を取り巻く経済環境を改善するための起業支援策があらためて重視されるようになった（第2章）。香港では金融や貿易などに偏った産業構造を多様化させるため、投資支援機関InvestHKが起業促進のための専門チームを二〇一四年に発足し、StartmeupHKプロジェクトなどを実施している。

さらに、中国では、経済成長率の低下を下支えするため、二〇一五年に「大衆創業、万衆創新（大衆の起業、万人のイノベーション）」政策が打ち出された（第3章〜第7章）。起業熱の高まりを受けて政策が実施されたり、効果のない政策があったり、必ずしも政策がすべてのきっかけになっているわけではないが、政府も起業環境の改善に貢献している。

このような各国・地域の変化に、第四次産業革命という変化が合流することで、起業を通じたイノベーションが活発化するようになった。一般に新しい技術や事業機会へは過度な期待が生まれることも多いが、一九九〇年代半ばから普及しはじめたインターネットのように、どのような可能性があるのかは技術利用の深化や事業化が進まなければ分からない。既存企業のR＆D投資による継続的な品質向上ばかりでなく、複数の技術を組み合わせて新しい事業を創出する余地が増えたことは、起業家に大きなチャンスをもたらした。

参入に先立って多額の投資が必要であったり、先発企業が後発企業の参入を阻止するような戦略的な行動をとるなら、起業家にとっての参入ハードルは非常に高いものになる。しかし、第四次産業革命という「革命」のもとでは、先発や後発という参入のタイミングの差を越えて、時代の変化にチャンスを見いだす企業だけが生き残ることができる。

また、既存製品の継続的な品質向上であれば、既存企業に優位性があるが、先発企業の存在しない領域での製品開発においては、新しいアイディアがあるか否かが重要となる。そのため、起業とイノベーションという異なる現象が組み合わさり、現在、起業を通じたイノベーションが盛んになっている。

たとえば、中国では、従来の労働集約型産業発展が賃金高騰によって限界を迎えたタイミングで、第四次産業革命が起きた。そのため、イノベーションを通じた成長を目指す企業にとっては、大きなチャンスがもたらされることとなった。技術のなかでも、半導体製造や、ロボットの減速機開発など、ハードウェア系のコア部品については、多くの製品で先進国企業の水準とはすぐに埋められない差が依然として残っている。

しかし、インターネットを活用したサービスに関しては、世界に先駆けたビジネスが急増している。中国では、既存の技術領域については先進国企業をなかなか追い越すことができない障壁が存在しているが、新規の技術領域では時代の「曲がり角」で先進国企業を追い越す機会が増えている、と認識されている。

また、第四次産業革命による新しい技術の普及は、他の産業の発展を連鎖的に引き起こした。インターネットやスマートフォンの普及、キャッシュレス社会や信用リスクを低減するメカニズムなどは、起業家に新しい事業機会を提供し、起業のハードルを引き下げることに一役買っている。たとえば、中国のアリババはEC（電子商取引）のプラットフォームに加えて、ECそのものを活発化させるために、EC事業者のための決済やマーケティング、クラウド・コンピューティング、ロジスティクスなどの事業も営んできた(5)。

さらに、これらのサービスがEC事業者以外にも提供されることで、中国全体の事業環境の改善に貢献してきた。アリババの場合にはさらに、スタートアップに出資、またこれを買収することで、投資という点でもエコシステムの重要な位置を占めている。第四次産業革命による技術変化は直接的にも、間接的にも、起業やイノベーションに大きな影響をおよぼしている。

ただし、実際にイノベーションが持続的に発生するための条件を満たす必要もある。さらなる成長にイノベーションが必要だという、あらゆる国・地域にみられるニーズだけでイノベーションがはじまるのであれば、中所得国の罠という問題が生まれることはない。また、技術変化という世界的な背景だけであらゆる企業がイノベーションを行なうことができるのであれば、変化に取り残される企業は存在しない。つまり、特定の企業・地域でより多くのイノベーションが生まれる要因や、それが継続的に生まれる条件を考える必要がある。

たとえば、中国の大手企業のなかには、継続的なR&D投資や、二〇〇〇年代半ば以降の大型クロスボーダーM&A（合併・買収）などによって、イノベーションや海外展開の能力を高め、事業環境の変化に適応しようとしてきた（Kimura 2014; 木村 二〇一八）。技術変化が速い通信設備産業のファーウェイ（華為技術）やZTE（中興通訊）は、売上高の一〇パーセント以上をR&Dにあてることで、技術レベルを継続的に向上させてきた。

また、家電産業（白物家電やTVなど）や消費者向けエレクトロニクス産業（PCなど）のハイアール（海爾集団）、マイディア（美的集団）、ハイセンス（海信集団）、レノボ（聯想集団）などは、新興国企業との競争で立ち行かなくなった先進国企業やその事業を買収することで、研究開発組織や特許を取得することに加え、海外進出のための販売ネットワークやブランドを獲得してきた。既存大手であっても、技術変化に合わせて変身し、イノベーションを起こすことができなければ、変化の波のなかで淘汰される。

このような大企業の環境変化への適応に加えて、近年はスタートアップの存在感が高まっているが、イノベーションを行なうためには、エコシステムの発展や事業環境の変化もひとつのカギだ。エコシステムは、ＶＣや大学、政府、企業、専門家集団など、複数の要素が補完し合いながら起業家のサポートを行なう仕組みである。したがって、エコシステムごとに強みや弱みからみた相対的な特徴があったとしても、何かひとつの要素だけが突出した強みがあればよいわけではない。各要素はそれぞれの文脈で生成・発展しながらも、最終的にはエコシステムとしての結びつきを強めながら、バランスよく発展していく必要がある。そのため、既存の経済構造が、起業を促進するような経済環境に転換するためには時間を要する。スタートアップがイノベーションや経済成長をけん引する経済を理解するため、次節ではエコシステムの発展を振り返ってみよう。

## 三　エコシステム

### (1) エコシステム

スタートアップのエコシステムとは、起業とスタートアップの成長を促す仕組みのことである。[6] それは、地域内の政府やＶＣ、企業、大学、各種専門家（弁護士、会計士）などから構成されており、表現のしかたも、アントレプレナー・エコシステムやイノベーション・エコシステムなど、文脈によってさまざまである。

起業を通じたイノベーションを考えるためには、グローバルなビジネス・トレンドや国レベルのイノベーション・システムというマクロな視点と、個別企業の経営・戦略などのミクロな視点に加えて、そのあいだにある概念として、地域を単位としたエコシステムに着目することの重要性が高まっている（西澤ほか 二〇一二）。

スタートアップがかかわるエコシステムとしては、前述の起業のためのエコシステムのほか、ビジネス・エコシステムもある。ビジネス・エコシステムとは、特定の企業がビジネスを成り立たせるために構築した外部プレイヤーとの協力関係全体のことで、サプライチェーン上の多様な企業との連携や、R＆Dにおける連携、ユーザーとの協調などが含まれている。このビジネス・エコシステムは、もともと戦略論、とくにビジネス・システムに関する研究領域で生まれた概念である。戦略論においては伝統的に企業間の「競争」を中心に研究が行なわれてきたが、プラットフォーム・ビジネスなどを中心として、現在は企業間の「協調」がより重要となっている。その「協調」を説明する概念として、ビジネス・エコシステムが取り上げられるようになっている（Teece 2007; Baldwin 2011）。競争自体が、個別の企業間の競争から、複数の企業が「協調」したビジネス・システムどうしの競争になりつつある。

この二つのエコシステムは明確に分けて議論する必要があるが、エコシステムという概念が生まれたシリコンバレーでは、ビジネス・エコシステムが起業のためのエコシステムを兼ねるケースも多いので注意が必要だ。本書ではとくに断りがない限り、スタートアップのエコシステムを対象に議論していく。

多くの構成要素から成るエコシステムは、各地域がもともと持つ資源の影響を強く受け、それぞれ独自の発展を遂げる。そのためエコシステムの評価は、同じ所得水準の国・地域内であってもばらつきが大きい。図0－4は、所得水準とエコシステムの評価の関係を示したものである。所得水準は二〇一七

図０－４　所得水準とエコシステムの評価

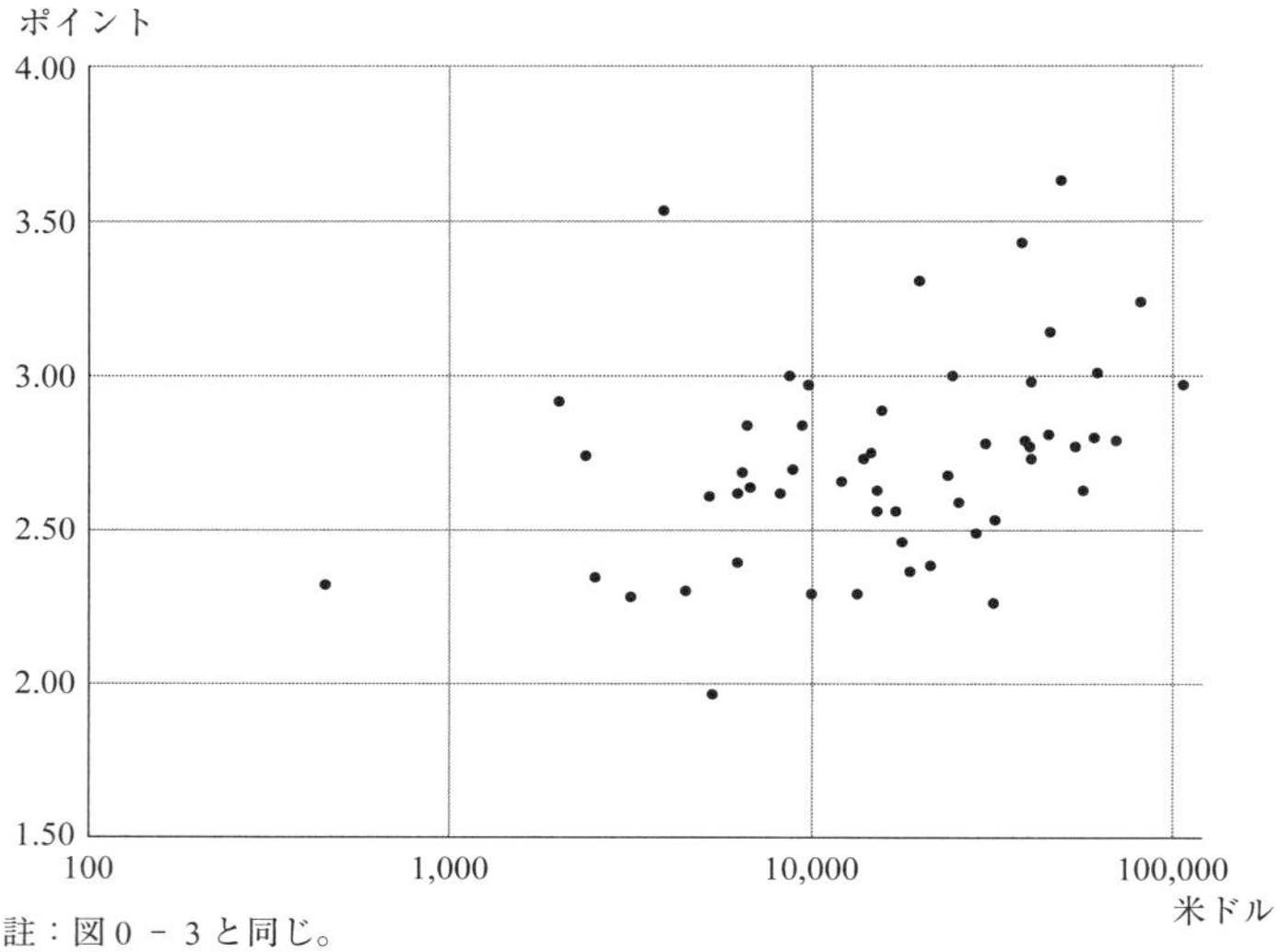


註：図０－３と同じ。
出所：図０－３と同じ。

年の一人あたりＧＤＰを指している。エコシステムの評価は資金調達の容易さや政府の取り組み、起業家教育、市場の透明性などの各項目のスコアから成るが、ここではその平均値をとった。全体的には、一人あたりＧＤＰが約一万二〇〇〇ドルを超えるあたり（高所得国のライン）から、エコシステムの評価も上昇傾向にある。しかし、この二つには強い相関関係があるわけではなく、あらゆる所得水準において、エコシステムの評価には大きなばらつきがある。

図０－５はＴＥＡとエコシステムの評価をプロットしたものだ。前掲図０－３と同様、一般に一人あたりＧＤＰが低いほど、多くの雇用を吸収できる企業が少ないためＴＥＡは高くなる。一方で、一般にＧＤＰが高いほど、事業環境の整備も進み、エコシステムの評価スコアは高くなる。その結果、経済成長とと

図０－５　起業活動率とエコシステムの評価

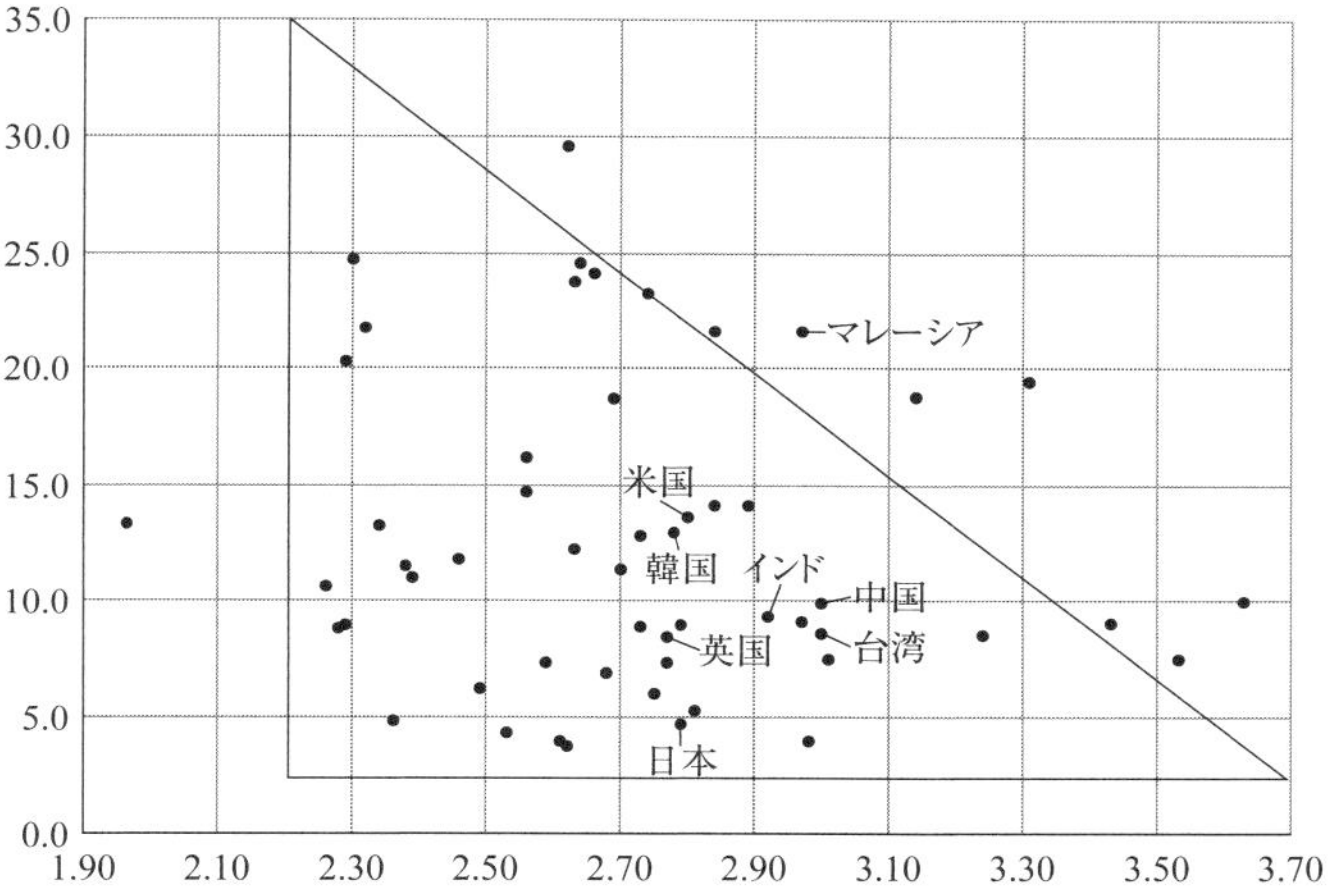


註：縦軸は「起業活動率」（％），横軸はエコシステムへの評価（ポイント）。
出所：図０－３と同じ。

もに起業率は下がる一方で、エコシステムの評価は高くなるため、その場合には三角形の斜辺上に各国・地域のプロットが並ぶことになる。

この傾向は、一人あたりＧＤＰからみたＴＥＡとエコシステムの評価の関係を、ＴＥＡとエコシステムの平面上に示しただけのものであるため、エコシステムの評価が低い（高い）ほど起業率が高い（低い）という因果関係を示しているわけではない。この図を通じて示したいのは、三角形の斜辺の内側に、多くの国・地域が含まれていることだ。三角形の内側の領域では、まだ所得水準が低いのに起業率が低く、所得水準は高いのにエコシステムの評価が低く、起業率も低いという事態が生じている。これらの国・地域では、経済成長の可能性を十分に追及できていない可能性がある。

### (2) 米国のエコシステム

エコシステムを取り上げる場合、その「原型」

として、米国のエコシステムを前提に議論することが多い。そこで本項では、エコシステムの理解を深めるため、米国のそれを振り返っておくことにしよう。

米国のエコシステムは、第二次世界大戦後、シリコンバレーのほかにもボストンやサンディエゴ、オースティンなど各地で生まれたが、共通点も多い。その背景には、MIT（マサチューセッツ工科大学）の教授で起業の経験も持つ、ヴァネヴァー・ブッシュ氏による科学技術政策がある。ブッシュは第二次世界大戦末期、戦争が終われば軍事目的とはいえ研究を支えた科学技術予算が削られると考え、新しい科学技術研究のあり方や政府の役割を『科学――果てしなきフロンティア』（一九四四年）と呼ばれる報告書にまとめた（上山 二〇一〇）。この報告書では、社会や安全保障のために、政府は基礎研究を支援すべきであることが主張された。支援によって基礎研究が促進されれば、応用研究や製品化のための開発なども順に進み、最終的には科学が社会に役立つものになるという、リニアモデルが想定されていた（宮田 二〇一二）。

そして、大学と産業、政府のつながり強化をスタンフォード大学で実践したのが、ブッシュの指導も受け、「シリコンバレーの父」と呼ばれるフレデリック・ターマン教授だ（枝川 一九九九）。ターマンはスタンフォード大学の工学部長や副学長の任にも当たりながら、シリコンバレーの形成につながる施策を多数実施した。連邦政府から多額の研究資金を集めたり、企業誘致のためのサイエンスパークを設立することで、科学研究と産学連携の基礎を築いていった。また、PC（パーソナル・コンピュータ）で有名な現在のHP（一九三九年創業）は、ターマンが自身の学生であったウィリアム・ヒューレットとデイビット・パッカードに起業を勧め、資金面も含めて支援した結果生まれた企業だ。

ターマンが確立したスタンフォード大学のモデルを、米国各地の大学が参考にしたことで、米国のエコシステムは多くの共通点を有するようになった。たとえば、カリフォルニア大学サンディエゴ校では、一九八〇年代にリチャード・アトキンソン学長が、ターマンのやり方を参考にして大学改革を推し進めた。

図０－６は、米国エコシステムの概念図である（Zucker & Darby 2007）。まず、大学・研究機関は、連邦政府からの研究費などを使って研究を行なう。その研究成果のスピンオフやライセンシングによって、一部のスタートアップが誕生する（コラム⑧参照）。このスタートアップの成長を、ＶＣをはじめとした金融機関が支援する。連邦政府もまた、中小企業向けのイノベーション助成金（ＳＢＩＲ）によって、一部支援している。また、大企業は出資や共同開発などによって、スタートアップの成長を支えている。このエコシステムを通じて、新しい産業が続々と生まれているのだ。

HPは奥のガレージで創業した（木村公一朗撮影）

とくにシリコンバレーでは、新しい産業が継続的に生まれてきた。そのメカニズムには、人的ネットワークの役割に注目するアナリー・サクセニアンの視点と、半導体産業の汎用性の高さに注目するマーティン・ケニーの視点がある。(7)

サクセニアンは、シリコンバレーの産業構造が水平分業型で、人材の流動性が高いことに注目し、地

図０－６　米国のエコシステム（概念図）

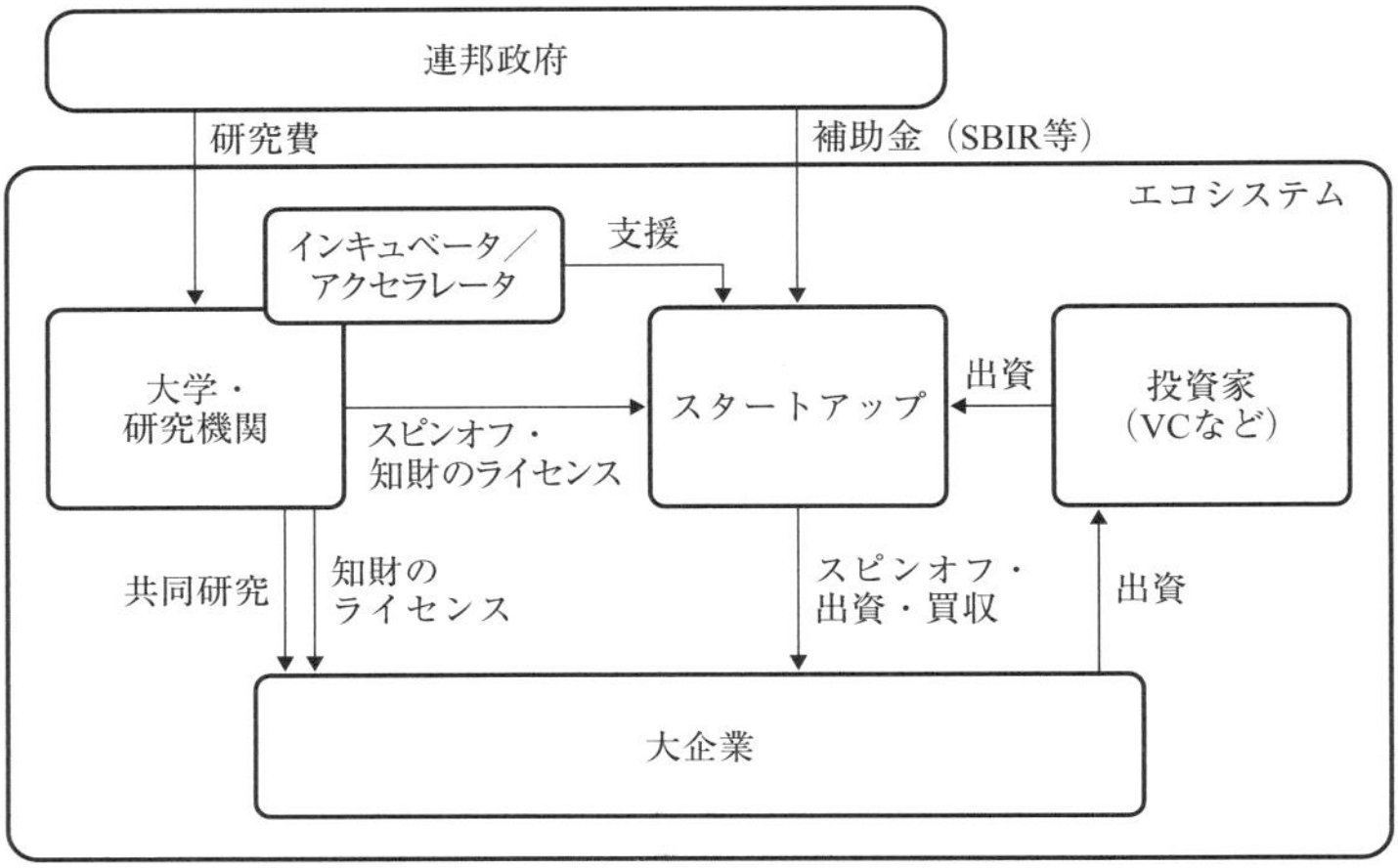


出所：Zucker and Darby（2007）などを参考に筆者作成。

域をまたぐ人的ネットワークの存在が産業の変化に柔軟に対応してきたことを重視した。一方でケニーは、シリコンバレーで最初に選択された半導体産業に注目し、これが土台となって、半導体の性能向上とともにＰＣやインターネット、ソーシャルメディア、ＡＩが発展してきた経路依存性を重視した。両者の視点は異なるが、人的ネットワークが存在し、また、水平分業型の産業が継続的に発展してきたことは相互依存の関係にあり、両者がシリコンバレーの発展に密接にかかわってきた。

### （３）東アジアのエコシステム

東アジアのエコシステムも世界各地のエコシステムと同様に、米国型エコシステムとの共通点が多い。構成要素にはＶＣや政府、コワーキングスペース、大学、大企業などが含まれている。また、中国の深圳などにみられる、起業家コミュニティの役割の大きさや、オープンソース利用の広がりも、シリコンバレーでみられる特徴と同じである。リスクのあるイノベーションを効率的に、多数生み出そうとすると、本質的に似通ってくる面がある。

また、後から発展したエコシステムが、その先行事例に倣うという面もある。その際には、東アジア各国・地域の人びとが、シリコンバレーで蓄積した経験や知識を持ち帰ることで、米国型の広がりは加速した（とくに第2章）。

一方で、この後発性をひとつの共通項にして、東アジアのエコシステムが米国型エコシステムと異なる点もある。第一は、東アジアのエコシステムはその設立段階から、グローバルなネットワークとして、他のエコシステムとの連携を前提としてきた点だ（とくに第1章、第2章）。米国型エコシステムも移民などの人材流入を前提としているものの（Saxenian 2007）、そのエコシステムはそれぞれ別個に発展するケースが多い。他方で、東アジアのエコシステムはシンガポールや台湾などにみられるとおり、シリコンバレーとの結びつきを前提としながら発展してきた。

第二は、政府の役割が大きい点である（とくに第1章〜第5章、第7章）。シンガポールや台湾、中国の事例にみられるとおり、政府も積極的に起業を通じたイノベーションを後押ししている。とくに、起業環境を改善するための政策を打ち出したり、ＶＣへの出資などを行なっている。米国でも、連邦政府による大学への資金提供や、中小企業への補助金は、起業とイノベーションに大きな役割を果たしたが、東アジアでは起業を促すための産業政策や、エコシステムの発展そのものにも各種政策が打ち出されてきた。

さらに、政府は、エコシステムとしてのまとまりを形成する点でも貢献してきた。ＶＣや大学の起業支援そのものは一九九〇年代あるいはそれ以前から、それぞれの事業目的に沿って発展していた。近年の起業を通じたイノベーション促進策は、起業をめぐる行政手続きの簡素化や、起業家教育の普及なども含めて、エコシステムの全面的な発展をもたらした。政策が特定のスタートアップの急成長に直接寄与するわけではないが、起業環境の改善に大きな役割を果たしてきた。

第三は、各地で多様なエコシステムが発展している点である（とくに第6章、第7章）。中国の深圳では、エレクトロニクス産業とその流通業の発展のおかげで、多くの起業家がハードウェアの開発と量産のために同地のサプライチェーンを活用している。一方で、深圳では大学の役割が小さい（元橋二〇一八）。深圳では経済特区になった後、一九八〇年代初めに深圳大学が設立されたり、その後、国内有名大学の深圳校や中国科学院の研究所などが誘致されたが、深圳経済における存在感は米国型エコシステムとくらべれば依然として小さい。

中国ではまた、二〇〇〇年ごろに創業したインターネット大手（アリババやテンセント）がスマートフォン支払いのプラットフォームを提供しているおかげで、インターネットを活用したシェアリング・エコノミーの普及が急速に進んだ。急速な経済成長のもと、依然解決されない市民生活の課題に対して、多くのスタートアップが事業を開始した。その地域がもともと持つ資源を活用しながら、独自の進化を遂げている。

## 四　本書の構成

本書では、以下に続く各章を通じて、エコシステムのさまざまな側面がどのように発展してきたのか、そして、それがスタートアップの成長にどのように貢献してきたのかを紹介する。まず、第1章と第2章では、海外やエコシステム間のつながりに注目する。

第1章（福嶋路）では、シンガポールを対象に、シンガポール人はもとより、海外の起業家もシンガポールを舞台に起業している様子を示す。シンガポールでは起業を目指す人が少なかったが、二〇〇〇年代にＮＵＳ（シンガポール国立大学）がシリコンバレーとのつながりを重視した起業家教育を充実したこと、また、工場跡地に起業支援のための「ブロック71」（Block71）を設立したことも要因となって、起業を通じたイノベーションが盛んになった。シンガポールはにわかに起業のホットスポットになった印象をあたえることや、政府の役割が重視されることもあるが、ＮＵＳによる二〇〇〇年代初めからの動きに、政府の支援や民間の動きが加わりエコシステムの発展が加速していった。

第2章（川上桃子）では、台湾を対象に、シリコンバレーとのつながりを活用しながらシリコンバレー型のエコシステムを構築しようとしている姿を取り上げる。新たな医療機器産業を生み出すために、起業に関心のある医師やエンジニアをスタンフォード大学に派遣し、医療機器産業を創出しようというＳＴＢプログラムや、大学発の選抜チームをシリコンバレーに派遣するＦＩＴＩプログラムなど、台湾はシリコンバレー志向型政策を生み出してきた。その背景には「ひまわり学生運動」や中国からのプレッシャーなどの固有の経緯もあり、起業を通じたイノベーションの活発化は世界共通の動きではあるが、地域によって動機はさまざまである。

第3章から第7章では、イノベーションの動向に注目が集まっている中国をおもな対象とする。中国もシリコンバレーをはじめとした外とのつながりを活用しながらそのエコシステムを発展させてきたが、国内のエコシステムの充実も著しいため、本書ではいくつかの側面に分けて紹介する。第3章から第5章ではそれぞれ、VC、コワーキングスペース、大学を取り上げる。第6章と第7章では、インターネットを活用しながら起業家が他の起業家を支える仕組みとして、ハードウェア事業をはじめるためのエコシステムや、シェアリング・エコノミーのためのプラットフォームを取り上げる。

第3章（丁可）では、VCを対象に、急拡大の背景とVCの役割を論じる。中国のVCは当初、米国から進出したドルファンドの存在感が大きかったが、近年は現地の人民元ファンドが急拡大した。その背景には、世界の多くの華人投資家が中国に帰国したことや、中国版ナスダックの創設によって資金回収が容易になったこと、政府の各種支援策があげられる。VCの拡大は起業家精神の喚起や起業家の選別を通じてスタートアップの急成長に大きな役割を果たしたが、とくに、配車アプリなどのビジネスモデルのイノベーションを後押しした。しかし、中国のVCは、長期間のR＆Dを必要とする事業への投資が不十分であるなどの課題も存在している。

第4章（伊藤亜聖）では、コワーキングスペースを対象に、急増の様子と起業家の知識創造とその交換における役割を論じる。中国のコワーキングスペースは政策の後押しもあって、不動産業者や大学・

研究機関、VCやエンジェル投資家をはじめとした投資主体、インターネット大手企業、専業独立系といった多様な主体が設立した。起業家にとっては、安く利用できる便利なオフィスや、起業家の能力向上と交流の機会を提供するイベント、オンライン上のコミュニティなど、多くのメリットを享受することができる。ただし、コワーキングスペースごとにネットワーキングを促す力やキーパーソンの実力は異なるため、今後は急増したコワーキングスペースの選別が進む可能性もある。

第5章（周少丹・林幸秀）では、中国の上位校である清華大学を対象に、大学がスタートアップの増加で果たす役割を論じる。中国では一九八〇年代から、大学が独自財源の必要性や研究成果を商業化する機会が増えたことや、企業のR＆D能力が低かったこともあり、大学が設立した企業（「校弁企業」）がすでに多数生まれていた。そのなかでも清華大学は、起業家教育にはじまり、スタートアップの成長段階に応じたさまざまな事業支援を行なうことで、多くの有力企業を生み出していった。また、スタートアップが生み出す収益が、こんどは研究・教育機関としての大学の発展のためにインプットにもなることで、スタートアップ支援は大学発展の好循環を生み出す可能性もある。

第6章（高須正和）では、深圳を中心としたハードウェア事業をはじめるためのエコシステムを対象に、起業のハードルを引き下げるオープンソース化がどのように広がってきたのかを論じる。ソフトウェアのソースコードやハードウェアの回路図や部品リストなどの公開によって、ソフトウェアとハードウェアの双方で事業立ち上げのコストは激減し、R＆Dの大衆化が進んだ。その結果、開発や投資の手法も変化した。しかし、ハードウェアは量産化や市場拡大の面で固有の難しさがあるため、普及には課題も多い。一方、ハードウェアの開発やそれを学ぶためのハードウェアへの需要が増すことで、新たな事業機会も増えている。

第7章（丸川知雄）では、ライドシェアや自転車シェアリングをはじめとしたシェアリング・エコノミーを対象に、多くの事業を輩出している当該分野がエコシステムとどのようにかかわってきたのか、また、みずからも新たな起業を支えるサービスになったのかを論じる。中国における急拡大は、VCの巨額投資や、インターネットを活用した生活上の課題解決に事業機会を見いだした起業家の参入に加えて、起業を通じたイノベーションやインターネットの活用を促そうとする政策の影響も大きい。ライドシェアの場合は、運営企業がドライバーに起業・副業の機会を提供することで、起業がさらなる起業を生み出している。一方で、自転車シェアリングのように、収益をあげることに苦労しているモデルもある。シェアリング・エコノミーの今後と社会にあたえる影響について、引き続き注視する必要がある。

以上のように、各章では、起業を通じたイノベーションとその背景として、エコシステムの発展をさまざまな側面からみていくことになる（図0－1左の矢印）。そして本書の最後では、起業が盛んになった影響（同図右の矢印）を考えるための論点を整理した。

註記

（1）GEMは、起業動向に関するAPS（Adult Population Survey）とエコシステムに関するNES（National Expert Survey）から成る。前者は、各国の二〇〇〇人以上を対象にしたアンケート調査にもとづいている。後者は、各国の専門家三六人以上を対象にしたアンケート調査にもとづいている。

（2）以下の文献を参照。Fannin（2011）、Tse（2015）、伊藤・高口編（二〇一九）、シバタ・吉川（二〇一八）、高須ほか（二〇一六）、沈（二〇一八）。

（3）所得水準別の類型化では一般に一人あたりＧＮＩ（国民総所得）を用いるが、ここでは一人あたりＧＤＰを用いた。
（4）安倍誠（ＪＥＴＲＯアジア経済研究所・東アジア研究グループ長）へのインタビュー、二〇一九年一月一七日。
（5）この点については、Greeven & Wei (2018)、李（二〇一八）、渡邉（二〇一七）などを参照。
（6）この点については、Bahrami & Evans (1995)、Kenney & Von Burg (1999)、Klepper (2001)、Simmie (2003)、Neck et al. (2004)、Klepper & Thompson (2010) を参照。
エコシステムに近い概念には、産業集積やクラスター、イノベーション・システムなどもある。産業集積は特定産業の地理的集中のことを指す。房や群れを意味するクラスターも同様の意味を持つが、「イノベーションの主体」という意味合いを含むことも多い（福嶋二〇一三）。エコシステムも、関連プレイヤーの地理的集中にかかわる概念だが、特定産業に対象を絞ったものではない。イノベーション・システムは、科学技術を生み出すための政府や大学、企業などの相互作用に注目した概念である。当初は国レベルのナショナル・イノベーション・システムを対象とすることが多かったが、近年は技術レベルや地域レベルにも適用範囲が広がっている（福嶋二〇一三）。エコシステムもイノベーション・システムの一種だが、とくにスタートアップの参入と成長に資するシステムを対象としている点に特徴がある。
（7）この点については、Saxenian (1990; 1996)、Kenney (2000) を参照。

参考文献

〔日本語文献〕

伊藤亜聖・高口康太編（二〇一九）『中国14億人の社会実装――「軽いＩｏＴ」が創るデジタル社会』東京大学社会科学研究所。

上山隆大（二〇一〇）『アカデミック・キャピタリズムを超えて――アメリカの大学と科学研究の現在』ＮＴＴ出版。

枝川公一（一九九九）『シリコン・ヴァレー物語――受けつがれる起業家精神』中央公論新社。

遠藤環・伊藤亜聖・大泉敬一郎・後藤健太編（二〇一八）『現代アジア経済論――「アジアの世紀」を学ぶ』有斐閣。

株式会社野村総合研究所（二〇一六）『平成二七年度　起業・ベンチャー支援に関する調査：起業家精神に関する調査報告書』経済産業省委託調査。

金炫成（二〇一七）「韓国のベンチャー企業――政策、実態、VBクラスター」JETROアジア経済研究所「アジアの起業とイノベーション」研究会での報告、一一月二日。

木村公一朗（二〇一八）「海外進出とイノベーションのベース」『東亜』六一二号（六月）：六～七頁。

シバタナオキ・吉川欣也（二〇一八）『テクノロジーの地政学――シリコンバレーvs中国、新時代の覇者たち』日経BP社。

シュワブ、クラウス（二〇一六）『第四次産業革命――ダボス会議が予測する未来』世界経済フォーラム訳、日本経済新聞出版社。

沈才彬（二〇一八）『中国新興企業の正体』角川新書。

高須正和＋ニコニコ技術部深圳観察会編（二〇一六）『メイカーズのエコシステム――新しいものづくりがとまらない。』インプレスR&D。

戸堂康之（二〇一五）『開発経済学入門』新世社。

西澤昭夫・忽那憲治・樋原伸彦・佐分利応貴・若林直樹・金井一頼（二〇一二）『ハイテク産業を創る地域エコシステム』有斐閣。

林幸秀編（二〇一五）『ASEAN諸国の科学技術情勢』美巧社。

福嶋路（二〇一三）『ハイテク・クラスターの形成とローカル・イニシアティブ――テキサス州オースティンの奇跡はなぜ起こったか』東北大学出版会。

松田修一（二〇一四）『ベンチャー企業（第四版）』日本経済新聞出版社。

宮田由紀夫（二〇一一）『アメリカのイノベーション政策』昭和堂。

丸川知雄（二〇一三）『チャイニーズ・ドリーム――大衆資本主義が世界を変える』筑摩書房。

元橋一之（二〇一八）「中国の地域イノベーションシステム――深センを中心とした技術、資金、人材の現状」RIETI Policy Discussion Paper Series, 18-P-011。

李智慧（二〇一八）『チャイナ・イノベーション――データを制する者は世界を制する』日経ＢＰ社。

渡辺利夫（二〇一〇）『開発経済学入門（第三版）』東洋経済新報社。

渡邉真理子（二〇一七）「プラットフォーム企業が起こすイノベーション――アリババドットコムからみえてくる新しいかたち」『国際問題』六六四号（九月）：五～一六頁。

〔英語文献〕

Aghion, P., and P. Howitt（2009）*The Economics of Growth*, Cambridge and London: The MIT Press.

Bahrami, H., and S. Evans（1995）“Flexible Re-cycling and High-technology Entrepreneurship,” *California Management Review* 37（3）: pp. 62-89.

Baldwin, Y.（2011）“Bottleneck Strategies for Business Ecosystem,” Presentation at Sloan School of Management, MIT.

Dana, L.-P., M. Han, V. Ratten, and I. Welpe, eds.（2009）*Handbook of Research on Asian Entrepreneurship*, Cheltenham, UK: Edward Elgar.

Fannin, R.（2011）*Startup Asia: Top Strategies for Cashing in on Asia's Innovation Boom*, Singapore: John Wiley & Sons（Asia）.

Greeven, M., and W. Wei（2018）*Business Ecosystems in China: Alibaba and Competing Baidu, Tencent, Xiaomi and LeEco*, London and NY: Routledge.

Kenney, M.（2000）*Understanding Silicon Valley: The anatomy of an entrepreneurial region*, Stanford University Press.

Kenney, M., and U. Von Burg（1999）“Technology, Entrepreneurship and Path Dependence: Industrial Clustering in Silicon Valley and Route 128,” *Industrial and Corporate Change* 8（1）: pp. 67-103.

Kimura, K.（2014）*The Growth of Chinese Electronics Firms: Globalization and Organizations*, New York: Palgrave Macmillan.

Klepper, S.（2001）“Employee Startups in High-Tech Industries,” *Industrial and Corporate Change* 10（3）: pp. 639-674.

Klepper, S., and P. Thompson (2010) "Disagreements and intra-industry spinoffs," *International Journal of Industrial Organization* 28: pp. 526-538.

Neck, H., G. Meyer, B. Cohen, and A. Corbett (2004) "An Entrepreneurial System View of New Venture Creation," *Journal of Small Business Management* 42: pp. 190-208.

Santarelli, E., ed. (2006) *Entrepreneurship, Growth, and Innovation: The Dynamics of Firms and Industries*, New York: Springer.

Saxenian, A. (1990) "Regional networks and the resurgence of Silicon Valley," *California Management Review* 33: pp. 89-112.

Saxenian, A. (1996) *Regional Advantage*, Cambridge, Mass.: Harvard University Press (アナリー・サクセニアン『現代の二都物語――なぜシリコンバレーは復活し、ボストン・ルート一二八は沈んだか』山形浩生・柏木亮二訳、日経ＢＰ社、二〇〇九年).

Saxenian, A. (2007) *The New Argonauts: Regional advantage in a global economy*, Cambridge, mass.: Harvard University Press (アナリー・サクセニアン『最新・経済地理学――グローバル経済と地域の優位性』本山康之・星野岳穂監訳／酒井泰介訳、日経ＢＰ社、二〇〇八年).

Simmie, J. (2003) "Innovation and Urban Regions as National and International Nodes for the Transfer and Sharing of Knowledge," *Regional studies* 37: pp. 607-620.

Teece, J. (2007) "Explicating Dynamic Capabilities: The Nature and Microfoundations of (Sustainable) Enterprise Performance," *Strategic Management Journal* 28(13): pp. 1319-1350.

Tse, E. (2015) *China's Disruptors*, New York: Portfolio/Penguin.

Zucker, L., and M. Darby (2007) "Virtuous Circles in Science and Commerce," *Papers in Regional Science* 86: pp. 445-470.

## 【コラム①】韓国のスタートアップ

韓国においてスタートアップがもっとも興隆をみせたのは、二〇〇〇年前後の時期である。一九九〇年代後半から、政府の高速インターネット回線普及策やデジタル携帯電話サービスの開始などにより、インターネットや無線通信関連ビジネスでの創業が相次いでいたが、一九九七年の通貨危機がこの流れを強力に後押しすることになった。財閥・大企業の倒産や経営悪化によってリストラされた人材が、みずから起業する、あるいは起業間もないスタートアップに向かったのである。

さらに、銀行から大企業への間接金融に偏重していた従来の金融市場が、危機によって麻痺状態に陥った結果、資金もスタートアップへと流れることになった。とくに、一九九六年にアメリカのナスダックを模して設立された新興株式市場コスダック（ＫＯＳＤＡＱ）が急成長したことにより、ＩＰＯ（新規株式公開）の途が大きく広がったことも起業を促した。この「ベンチャー・ブーム」から、ネイバーやネクソンといった日本でも知られることになる企業が生まれた。しかし、アメリカのＩＴ（情報技術）バブル崩壊や一部企業の不正発覚を契機に、二〇〇〇年代前半にブームは急速にしぼむことになった。

二〇一〇年代に入ってから、韓国政府は既存の大企業に代わる新たな経済成長の担い手創出、それに若年失業対策のために、「第二のベンチャー・ブーム」を起こすべくスタートアップの育成に乗り出した。政府系金融機関からＶＣ（ベンチャーキャピタル）に多額の出資を行なうとともに、板橋《パンギョ》テクノバレーなど新たなクラスター造成やインキュベータの設立、起業家教育などに力を入れた。これが功を奏し、二〇一〇年代半ばからスタートアップはふたたび増加傾向にある。業種もモバイルインターネットやバイオ関連を中心に多様化をみせている。今後のさらなる成長のために、ＩＰＯだけでなくＭ＆Ａ（合併・買収）など多様な出口を用意することや、大学や研究機関を含めたエコシステムを発展させることなどが課題となっている。

（安倍　誠）

# 第1章　大学の起業家育成
## シンガポール国立大学の事例

福嶋　路

## はじめに

昨今、シンガポールは、東南アジアのスタートアップを牽引する国となっている。シンガポールには、一〇億ドル以上の企業価値をもつ未上場企業であるユニコーンがいくつか存在する。たとえば、配車アプリのグラブ（Grab）、ゲーム配信と電子商取引のシー（Sea、旧ガレナ）、東南アジア最大のＥＣ（電子商取引）サイトを運営するラザダ（Lazada）、ゲーム専門機器販売のレーザー（Razor）などがその例である（本田 二〇一八）。

他方で、これらユニコーンの創業者は、シンガポール国外から来ているという事実も指摘されている。[1]このような事例は、必ずしもシンガポール人がシンガポールのスタートアップの主役ではないということを示しているようだ。

シンガポールは長らく一党体制を維持し、国家があたかもひとつの株式会社のように経済活動にもかかわるなど、独特の政策をとってきた。管理国家といっても過言ではない体制からは、起業家が生まれにくかったと思われる。

実際、シンガポール人にとって長らく起業は望ましい進路選択ではなかった。シンガポールでは、国の官僚として優れた人材を登用できるかどうかが国家の命運を握っていたため、エリート教育が徹底された。その結果、シンガポール人は自然と政府機関（中央省庁）および政府関連機関（准政府機関、政府系企業）に職を得ることが望ましいと考えるようになった（岩崎 二〇一三）。またシンガポール国民の起業に対する態度は必ずしも積極的なものではない。これは、GEM（Global Entrepreneur Monitor）の調査からも明らかである。

他方でシンガポール政府は移民起業家を推奨および支援してきた。世界のスタートアップのエコシステムを比較した報告書によると、現在、シンガポールは移民起業家の比率が高く、世界の平均が一九パーセントであるのに対し、同国では三五パーセントの起業が移民によって担われている（Startup Genome 2017）。また移民起業家を引き付けるために、シンガポール政府は、起業家を対象とした在留資格を設けたり[2]、二五〇万シンガポールドルを投資することや、起業家としての経歴と事業計画を持つことを条件に永住権を付与する「グローバル投資家プログラム（Global Investor Programme）」を二〇〇四年にはじめたりしている[3]。

このように、これまでのシンガポールの歴史的経緯や政府の政策をみると、シンガポールは産業政策として外国の企業や起業家の誘致に力をいれており、国内で起業家を育成する努力はあまりしてこなかったのではないかという印象を受ける。

しかしスタートアップの起業家、投資家、求職者をつなげるプラットフォームサービスを提供するエンジェルリスト（AngelList）に登録された、シンガポールにおけるスタートアップ設立者の出身大学をみると、意外にもシンガポールの大学、とりわけシンガポール国立大学（ＮＵＳ）の出身者が多いことに気づく（表１－１）。より正確にいえば、シンガポールで教育を受けた人の起業は意外に多いということがいえそうだ。

表１－１　スタートアップ設立者の出身大学

| 大　学 | 人数 |
|---|---|
| NUS（シンガポール国立大学）（シンガポール） | 254 |
| 南洋理工大学（シンガポール） | 138 |
| INSEAD（フランス） | 75 |
| スタンフォード大学（米国） | 62 |
| ハーバード大学（米国） | 22 |
| ケンブリッジ大学（英国） | 21 |
| MIT（マサチューセッツ工科大学）（米国） | 17 |
| シドニー大学（オーストラリア） | 11 |

出所：AngelList より2017年に筆者作成。

本章は、起業活動に対して保守的で、かつ移民起業家を推奨してきた国において、いかに自国民の起業意欲を高め、またアジアのスタートアップ輩出の中核都市としての地位を確立していったのかという問題に答えようとするものである。

その結論を先取りしていえば、シンガポールの最高学府であるＮＵＳにおける起業家教育の開始と、不要になった廃工場を活用して建設されたインキュベータの出現が、絶妙のタイミングでシンクロし、シンガポール人の起業活動を活発化させたのみならず、シンガポールを起業家の集積地に変えたのである。

以下では、その経緯を詳しくみていきたい。

# 一　経済危機とシンガポール国立大学の改革

## （1）シンガポール国立大学の概要

ＮＵＳは、シンガポールを代表する総合大学であり、総勢三万八六〇〇名もの学生を有する。一一学部とスクールからなり、東南アジア諸国や中国、欧米やアフリカなどを含め一〇〇カ国以上からの留学生が在学し、非常に国際色豊かな大学である。

ＮＵＳは二〇一五年から二〇一六年にかけてタイムズ・ハイヤー・エディケーション（Times Higher Education）のランキングで順位を上げ（図1－1）、東京大学を抜いてアジアで第一位になった。また同大学は、ここ数年、シンガポールの起業家教育のハブとしても注目を集めてきている[4]。

ＮＵＳはもともと官僚養成機関としての役割が大きかったが、過去一八年の間にいくつかの改革を通じて、脱皮を試みてきた。とりわけ起業家教育と起業家の輩出におけるＮＵＳの存在感の高まりには、目を見張るものがある。この躍進の背後には強烈な危機感、それに裏打ちされた大学の変革、さらに起業家人材の継続的な育成があった。

## （2）一九九〇年代後半の経済危機と大学の改革

ＮＵＳの改革のはじまりは、一九九〇年代後半に遡る。シンガポールにとって、一九九〇年代後半か

図１－１　タイムズ・ハイヤー・エディケーションの順位

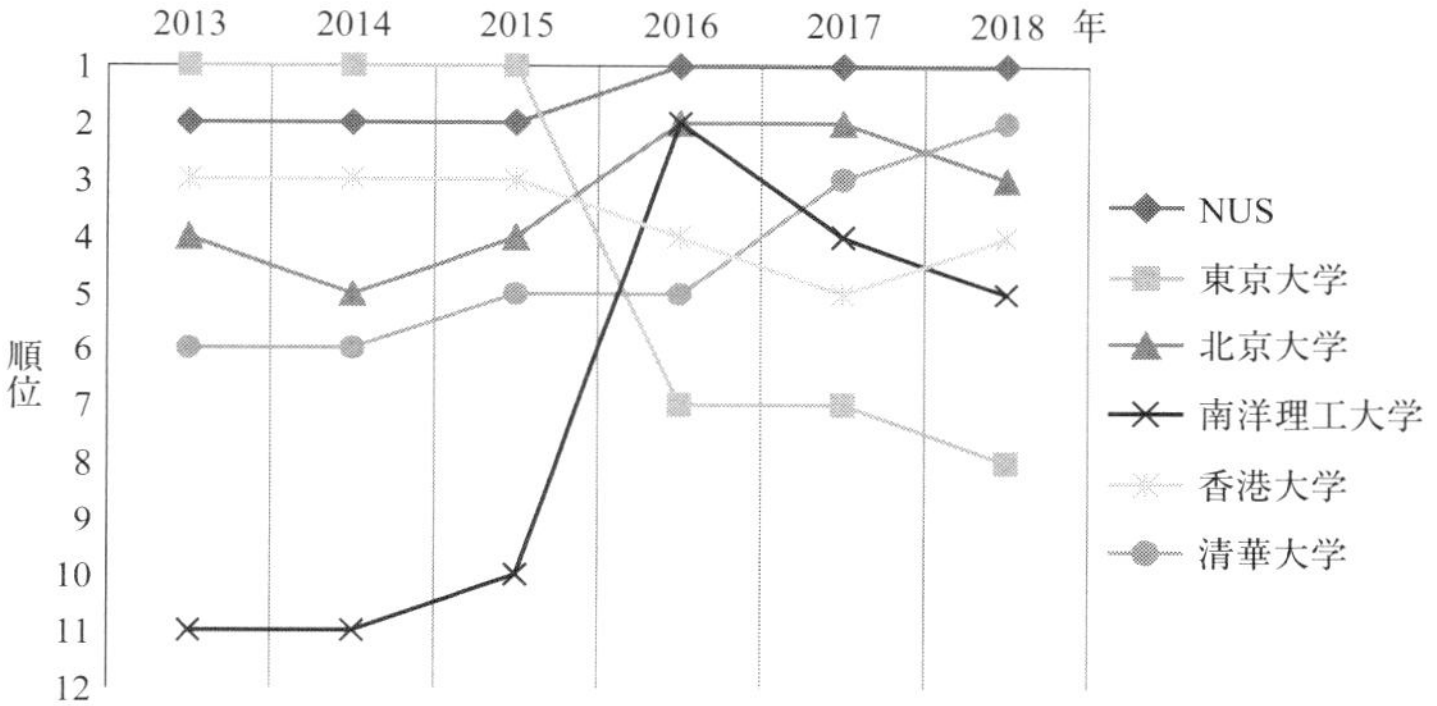


出所：Times Higher Education, Asia University Rankings各年度発表データより筆者作成。

ら二〇〇〇年代前半にかけては受難の時期となった。一九九七年のアジア通貨危機や、二〇〇〇年のＩＴ（情報技術）バブル崩壊、二〇〇一年の米国九・一一テロ事件、二〇〇三年のＳＡＲＳ（重症急性呼吸器症候群）など、予測もつかない出来事が立て続けに発生した。その結果、一九八七年以来五パーセントを超える高水準を維持してきたシンガポールのＧＤＰ成長率も、一九九七年と二〇〇二年にはマイナスに転じた。

これを受けて政府は二一世紀のシンガポール経済のあり方を検討するために、二〇〇一年に「経済検討委員会」を立ち上げた。そこでグローバル化、中国経済の台頭、アジア経済危機がシンガポール経済を根本的に変えてしまったこと、シンガポール経済は既存のものとは異なる成長の牽引力が新たに求められていることが再認識され、これに対応するためには国民の企業家精神の高揚とＩＣＴ（情報通信技術）産業の梃入れなどが喫緊の課題とされた（岩崎　二〇〇五）。

政府の描く発展戦略はＮＵＳにも影響を与えた。二〇〇〇年にＮＵＳの副総長に着任し、二〇〇一年に総長に就任したシー・チュン・フォン（Shih Choon Fong）氏は、強力なリーダーシップを発揮し大学改革に着手した。そしてＮＵＳを国際競争力のある研究大学に転換することと、企業家志向性の強い大学にすることを宣言した。シー総長は米国・ハーバード大学で博士学位を取得しており、そこでの経験がこのような変革に向かわせたと推察される(5)。

さらに企業家志向性の高い大学になるという目標を実現するために、シー総長は、総長になる以前から改革のためのタスクフォースを学内に結成していた。このなかにＮＵＳの教授であったウォン・ポー・カム（Wong Poh Kam）教授も含まれていた。ウォン教授は、研究者としての成果をあげつつ、複数の会社設立の経験をもつ、実務とアカデミアの両方に通じた大学教員であった。

ＮＵＳは一九八八年にＮＥＣ（NUS Entrepreneurship Centre）という組織を設立した。ウォン教授らの改革はここを拠点にしてはじめられた。まずウォン教授はＮＵＳの学生の起業に対する意識を明らかにするために、ＮＥＣの同僚のクレメント・ワン（Clement K. Wang）氏とともに、一九九八年に大規模調査を行なった（Wang & Wong 2004）。そのなかで明らかになったのは、①性別、家族が会社を経営している人がいるかの有無、教育水準という三つの要素が学生の起業意思に強い影響を与えていること、②理系の学生にビジネスの知識を教え込むことが重要であること、③成功した企業家のロールモデルを教えることが重要であること、であった。また、④官僚制の弊害や失敗に対する社会的スティグマを取り除くことが必要であることも提言された。

ウォン教授はこれら調査結果をもとに改革に着手した。まず一九九九年にＮＥＣは起業家教育を開始した。具体的には「テクノロジー・アントレプレナーシップ」という科目を副専攻として開講し、

ＮＵＳの全学生に対して提供しはじめた。

二〇〇一年には、ＮＵＳの産学連携・起業家教育の拠点となる「ＮＵＳエンタープライズ」（ＮＵＳ Enterprise）が新たに設立され、ＮＥＣはその一部となった。ＮＵＳエンタープライズのミッションは、①企業家精神の促進、②グローバルなマインドセットと人材の養成、③技術の商業化のための産業との連携、④包括的な起業家活動支援と起業家のアウトリーチの仲介であった。

このようなウォン教授らの精力的な活動に対して、学内（理系学部からのみならず文系学部）から反対はあった。しかしシー総長のバックアップによって改革は断行され、ＮＵＳエンタープライズは学内でも徐々に正当性を獲得していった。

### （3）NUS Overseas College の開始

二〇〇一年、ＮＵＳエンタープライズはＮＯＣ（NUS Overseas College）をはじめた。このプログラムは、シリコンバレーをはじめとするイノベーションや起業が活発に行なわれている地域に学生を送り込み、彼らを現地のＮＵＳの提携大学に所属させつつ、その地域のスタートアップにインターン生として一年間派遣するというものであった。

ＮＵＳエンタープライズによって企画されたこのプログラムは、二〇〇二年にスタンフォード大学と連携し、シリコンバレーに学生を一年間派遣することからはじめられた。その後、徐々に他の地域にも拡大され、二〇一八年現在、派遣先は北京、イスラエル、ローザンヌ、ミュンヘン、ニューヨーク、上海、シリコンバレー、ストックホルム、トロントとなっている。世界各地の提携先であるイノベーション・ハブは、ウォン教授の伝手で開拓されてきた。ウォン教授は、今後の受け入れ先として東南アジア諸国を考えているという(6)。

NOCを遂行するために、派遣先の各地域にパートナーや現地の人を雇用したりして、学生のケアをする専任の人を駐在させている。インターン先で支払われる謝礼がインターン生の現地での生活費となるが、地域によっては物価が高く、謝礼だけでは生活費が賄えない場合がある。その際、NUSがその分を補填する。また、NOCに対してシー総長が二〇万シンガポールドルを寄付してオデッセイ基金(Odyssey Fund)を設立し、NOCに参加する学生を金銭的に支援した。

このプログラムに一年で一二〇～一五〇名程度の学生が参加し、現在までに累計二四〇〇名が参加した。プログラムの人気が高まるにつれて競争率が高くなり、いまでは参加を希望する全員が行くことはできないほどになっている(7)。

世界中のスタートアップでインターン生として働くことによって、スタートアップの世界を肌で体感できるのが、このプログラムの魅力である。実際に、学生がインターン先で、経営者が退任を迫られる場面を目の当たりにすることもあるという(8)。またインターンシップが終わった後も、そのままインターン先と連絡を取り合いそこに就職をしたり、派遣先地域に戻り起業をしたりする学生もいるという。

成果は数字にも表われはじめている。ウォン教授によると通常、NUSの全学生の中で起業をするものは二パーセント程度であるのに対して、これまでNOCに参加した二四〇〇名のうち帰国後に起業をしたものは一〇パーセント、二〇一八年までに約三〇〇社が生まれたという(9)。また、みずから起業をせず官庁や大企業に就職したとしても、起業に理解のある人材が各分野に広がることになり、スタートアップに対する理解が高まるという効果も生まれている。

## 二　起業家の集積をつくる――「ブロック71」

### (1) ブロック71の二〇一〇年までの歴史

NOC開始から一〇年間が経過し、その間、NUSキャンパスに起業家志望者のプールが徐々に形成されていった。しかし、キャンパスにも街にも彼らの居場所はなかった。そこでウォン教授が目をつけたのは、ブロック71(Block71)という工業団地であった。

ブロック71は、シンガポールの中心地から西に向かって車で二〇分くらい行ったところに位置するアヤラジャ工業団地の一角にある。近くには、シンガポール科学技術庁や世界の製薬会社が拠点を置くフュージョノポリスがあり、それらはブロック71と道路を挟んで対峙している。

アヤラジャ工業団地には、かつてエレクトロニクスや精密機械など中小の製造業が入居していた。一九七〇年代初頭に、政府が工場で働く労働者の通勤に配慮して、シンガポール中心部にアヤラジャ工業団地を設立した。当初は、軽工業、外国企業、中小企業を入居させることを目的としていたが、一九八〇年代に入ると、スタートアップも入居するようになった[10]。しかし二〇一〇年になると、シンガポール経済のなかでの製造業の割合が低下し、入居企業数も減少したことから、アヤラジャ工業団地は再開発のために取り壊されることが計画されていた。

## （2）卒啄同機

アヤラジャ工業団地の再開発の話が進んでいるころ、ＮＵＳのなかではＮＯＣを経験した学生や、彼らの影響を受けた学生などが増加してきており、そのなかから起業する学生が現れはじめていた。しかし、キャンパス内にもシンガポール国内にも彼らの居場所はなかった。当時、シンガポールのスタートアップは揺籃期にあり、シンガポールには起業家のためのエコシステムが存在しなかったため、多くのシンガポールの起業家たちは米国や中国に移住していたという。

このような状況を憂慮していたウォン教授らＮＵＳエンタープライズは、大学に程近いアヤラジャ工業団地の活用を思いついた。起業を志望する学生たちの増加と、取り壊しかけられたスペースの組み合わせは、シンガポールに新たな可能性を生み出すのではないかと閃いたのである。その出会いは、まさに卒啄同機ともいえる絶妙のタイミングであった。

ウォン教授はさっそく、政府機関であるメディア開発庁（Media Development Authority）と、民間通信事業者、シングテル（Singtel）のコーポレート・ベンチャーキャピタル部門であるシングテル・イノブ8（Singtel Innov8）に協力を要請し、取り壊されかけていたブロック71をスタートアップのハブとして使用し、一緒に運営するよう働きかけた。さらにＮＵＳは、アヤラジャ工業団地を保有していたＪＴＣコーポレーションと交渉し、建物を改装してインキュベーション施設に転換することを承認させた。そして、アヤラジャ工業団地の一角にあるブロック71という建物が最初のリノベーションの対象となった。こうして二〇一一年、アヤラジャ工業団地は、シンガポールの起業の拠点として新たな第一歩を踏みだした。

二〇一二年になると、起業家だけでなく、多様なステークホールダー（投資家、政府関係機関、インキュベータなど）も入居するようになった。二〇一四年には、海外メディアがブロック71に注目しはじめ、シンガポールの活気にあふれたエコシステムとして紹介されるようになった。たとえば、世界的な経済雑誌『エコノミスト』は、ブロック71を「世界でもっともぎゅうぎゅうに詰まった起業家エコシステムであり、政府がスタートアップ・コロニーを支援する距離を学ぶのに完璧な場所[11]」と評した。

ブロック71の入居希望者はその後も急増し、これに応じてアヤラジャ工業団地内の他の工場もつぎつぎとインキュベータに転換していった。二〇一五年にはブロック71、79が、二〇一七年にはブロック75、77、81が、インキュベータに変えられていった。ブロック71以外にも拡大したことから、この地域のインキュベータのコンプレックスは、「ＪＴＣローンチパッド@ワン・ノース（JTC Launchpad@one-north）」と呼ばれるようになった。

二〇一八年現在、ＪＴＣローンチパッド@ワン・ノースは、すべて合わせると五万六〇〇〇平方メートルという広大な敷地を有し、そのなかには八〇〇社のスタートアップ、五〇もの支援組織が入居し、巨大エコシステムを形成している。各ブロックは、映像、ソフト、バイオなど業種や技術ごとに個性をもっている。

ＪＴＣローンチパッド@ワン・ノースのなかでは、起業家による講演や経営指導セミナーなど各種イベントがほぼ毎日のように開催され、そこには入居者だけでなく一般市民も参加できる。六棟のオフィス棟は、すべて廊下でつながっており、人の行き来は自由にできる。また、ステージが備え付けられコンサートやパーティーが行なえる広い食堂や、サッカーなどのスポーツができる空間、イベントや交流会ができる施設もあり、仕事の合間にスポーツなどで気分転換をしたり、仕事が終わった後にリラックスしたりできる場も提供されている。

### (3) ブロック71への入居のメリット

ブロック71への入居が許されているのは、原則、NUSの卒業生や学生が起業した会社であるが、実際は例外も認めている。企業の入居資格は、①シンガポールに拠点を置くこと、②設立から五年未満、③大企業の子会社ではないこと、④都市再開発庁(Urban Redevelopment Authority)の産業使用ガイドライン[12]の遵守を応諾していること、である。また入居すると一カ月、一五～一八シンガポールドルと、サービスチャージ(三～九シンガポールドル／月)を支払うことが義務づけられているが、この金額はシンガポール市内の他のインキュベータのなかでも破格の安さである。

またブロック71にはインキュベータも入居しており、その資格として、①スタートアップ育成の明確な方針を持っていること、②JTCローンチパッド@ワン・ノースのコミュニティを拡大する強い意思をもっていること、③JTCローンチパッド@ワン・ノースのコミュニティの活性化に対して貢献し、その高度化に努めること、があげられている。

入居者にとっての入居のメリットとして、起業家、投資家、潜在的な協力者とすぐに出会えるという点があげられる。ブロック71では、頻繁にイベントが開催されており、その頻度は一カ月に二〇以上あるといわれている。そこは多様な人びとと出会う機会となっている。

またブロック71専用の求職サイトがあり、そこで随時、求職情報が掲載されている。また入居者が顔を合わせる機会が多いので、転職情報の交換は頻繁に行なわれる。そうしたことから、もし会社が失敗して失職しても、ブロック71には次の働き場所があるので、いちど職を得ると人びとはここをなかなか離れなくなるという。

## (4) ブロック71の国際化

ブロック71は二〇一五年から国際化を試みている。国際化の方向性としては、ひとつは他国への進出、もうひとつはブロック71の入居者の国際化である。

最初にブロック71の他国への展開をみていこう。NUSエンタープライズは二〇一五年から、現地のパートナーと連携してブロック71と同様な施設を他国に設ける試みをはじめた。その第一弾として、二〇一五年一月に米国のサンフランシスコにブロック71サンフランシスコが開設された。これはNUSエンタープライズ、シングテル・イノブ8、インフォコム・インベストメント(Infocomm Investments Pte Ltd.)との提携によって実現した。それら拠点には、シンガポールのスタートアップが米国に進出するのを支援したり、逆に米国の起業家をシンガポールに呼び込んだりすることが期待されている。NUSエンタープライズはこのような拠点を世界各国に増やしている。すでに、中国の蘇州、インドネシアのジャカルタにも進出している。

第二に、ブロック71入居者の国際化も進められている。シンガポール政府の起業家誘致政策や「ブロック71」の海外でのブランド化によって、世界から起業家がシンガポールに集まるような仕組みが徐々にできはじめている。次節では、その現状をみていく。

### （5）ブロック71のシンガポール・エコシステムへの影響

ブロック71が起業家に居場所を与え、彼らを集積させたことによって、シンガポール国内における起業家の可視化が進んだ。起業家コミュニティの可視化は、潜在的起業家を引き付けたり、他国の起業家や起業家支援者を引き付けたりするという効果ももたらした。

さらにブロック71の設立後、シンガポール国内ではコワーキングスペースやインキュベータが増加した。米国のコワーキングスペース提供業者であるウィーワーク（WeWork）や中国の優客工場（UCommune）も進出し、シンガポールの市街地には一〇〇を超えるコワーキングスペースが設立されているという。[13] ブロック71を急速に拡張させたにもかかわらず、それでも足りなくなっているという状況は、シンガポールに国内外の起業家人材の絶対数が増加していることの証左であるといえる。

## 三　ブロック71入居企業についての調査

### （1）ブロック71入居企業調査の概要

ブロック71はすでにＮＵＳの学生起業家のための施設だけでも、シンガポール人だけのものではなく、世界中の起業家のためのインキュベータとして機能している。このことは、現地での観察や、入居している起業家へのインタビューなどからも容易にわかる。このような印象をデータで示すために、二〇一八年一二月現在、ＪＴＣローンチパッド＠ワン・ノース内のブロック71に入居している企業の調査を行なった。具体的には、ブロック71のウェブサイトの「入居者名簿（Directory）」[14]に掲載されている入居企業六四社について、①設立年、②事業内容、③創業者名、④創業者のキャリアを、各社のウェブサイトから収集した。また、創業者のキャリアについては、リンクトイン（LinkedIn）、クランチベース（Crunchbase）、エンジェルリストといったデータベースや、新聞、雑誌、ホームページ記事などの二次情報から集め、情報の補填および確認をした。

ただし、入居企業の創業者の国籍は名前や学歴からは識別することができない。また国籍がわかったとしても、彼ら・彼女らは、国を超えたキャリア形成をしている場合が多い。たとえば、インド人であるが、米国の大学を卒業して、世界各地で仕事を転々とした後に、シンガポールで起業をしている、という具合である。そのため、国籍についての情報が意味のあるものかどうかは不明であったため、本調査では、「創業者が卒業した最終学歴となる大学が属する国」をみて、ブロック71の国際化をみることにした。

その結果、入居企業の種類については六〇社、創業者の学歴については五九社（設立者の一名でも出身大学がわかれば有効数とした）のデータを得ることができた。これをもとにブロック71の国際化の程度を示したい。

## （2）事業のタイプ

まず、どのような企業が入居しているのだろうか。入居企業は大きく三種類に分けることができる（表1－2）。入居者の多くは起業家であり、確認できる限り四二社はなんらかの事業を行なっている。こ

表１－２　Block71入居企業の事業

| 入居者のタイプ | 企業数 |
|---|---|
| 企業（スタートアップ） | 42 |
| VC，投資家 | 11 |
| インキュベータ | 8 |
| 不明 | 3 |

出所：筆者作成。

のなかのいくつかはＶＣ（ベンチャーキャピタル）からの投資を受けている。事業の内容としては、①教育用デジタル教材、医療系のプラットフォーム、映像動画作成などを含むＩＣＴ関連、②ゲーム、アプリなどのソフトウエア、③コンサルティング、投資分析などのサービス、などが主であり、バイオ関連事業を行なっている企業も数社含まれている。

つぎに多いのは、ＶＣ、投資組合といった投資家である。ローカルＶＣよりは、他国に拠点をもつＶＣがほとんどである。

ほかにもインキュベータやアクセラレータといった起業支援サービスが一〇社入居しているが、そのなかにはＮＵＳエンタープライズの関係組織三社やシングテル・イノブ８も含まれている。これらインキュベータやアクセラレータはファンドを持ち、投資家としての役割も果たしている。また、これらインキュベータのなかに企業設立前の起業家予備軍が入居しており、それを考慮すると、ブロック71の入居企業の多様性は入居者数以上に高いと思われる。

### （３）入居企業の資金調達状況

入居企業への投資の状況はどのようになっているだろうか。スタートアップが立ち上がるときに事業のプロトタイプの企画や構築の段階で実施される資金調達である、「シード・ラウンド」を受けたものは七社あった。また、事業が動きはじめ、顧客を増やし成長を図ろうとするときに実施される資金調達である「シリーズＡ」に成功した企業は五社、経営が軌道に乗った後にさらなる拡大を図るために実施される資金調達である「シリーズB」を行なったのは三社であった。そのほか、投資ラウンドは不明だが、投資を受けていることを確認できる企業は五社あった。

つまり、四二社中二〇社が、VCあるいはエンジェル投資家などから投資を受けていることになる。この数字は、ブロック71の投資環境が良好であることを示している。

このなかには、ブロック71に入居しているVCが、同じく入居企業に対して投資を行なっているケースも散見される。たとえばクエストVC（Quest VC）は、二〇一一年に中国の清華大学MBAの卒業生、ワン・ユンミン（Wang Yunming）氏とジェームス・タン（James Tan）氏によって設立された。同VCは、二〇一六年に設立されたバーチャル・スポーツプラットフォームの運営をしている42レース・ドットコム（42race.com）、二〇一二年に設立された決算ソフトを提供するゼファーズ（Xfers Pte Ltd）といった、ブロック71の入居企業に投資をしている。ほかにもラッフル・ベンチャー・パートナーズ（Raffles Venture Partners）は、もともとレイターステージ専門のVCであるが、入居企業のデイライト・スタジオ（Daylight Studios）のシリーズAに投資している。ちなみに、ラッフル・ベンチャー・パートナーズの共同設立者のデイビッド・リム（David Lim）氏はNUSの卒業生である。

### （4）創業者の出身大学の国別比率

つぎに、創業者の最終学歴の国別比率を示しておこう（図1-2）。全体的にみると、創業者の最終学歴の国籍にはかなり多様性があることがわかる。

シンガポールの大学がもっとも多く二七名、なかでも他を圧倒しているのはNUSで二一名を輩出し

図１－２　Block71入居企業設立者の出身大学の国別比率（％）

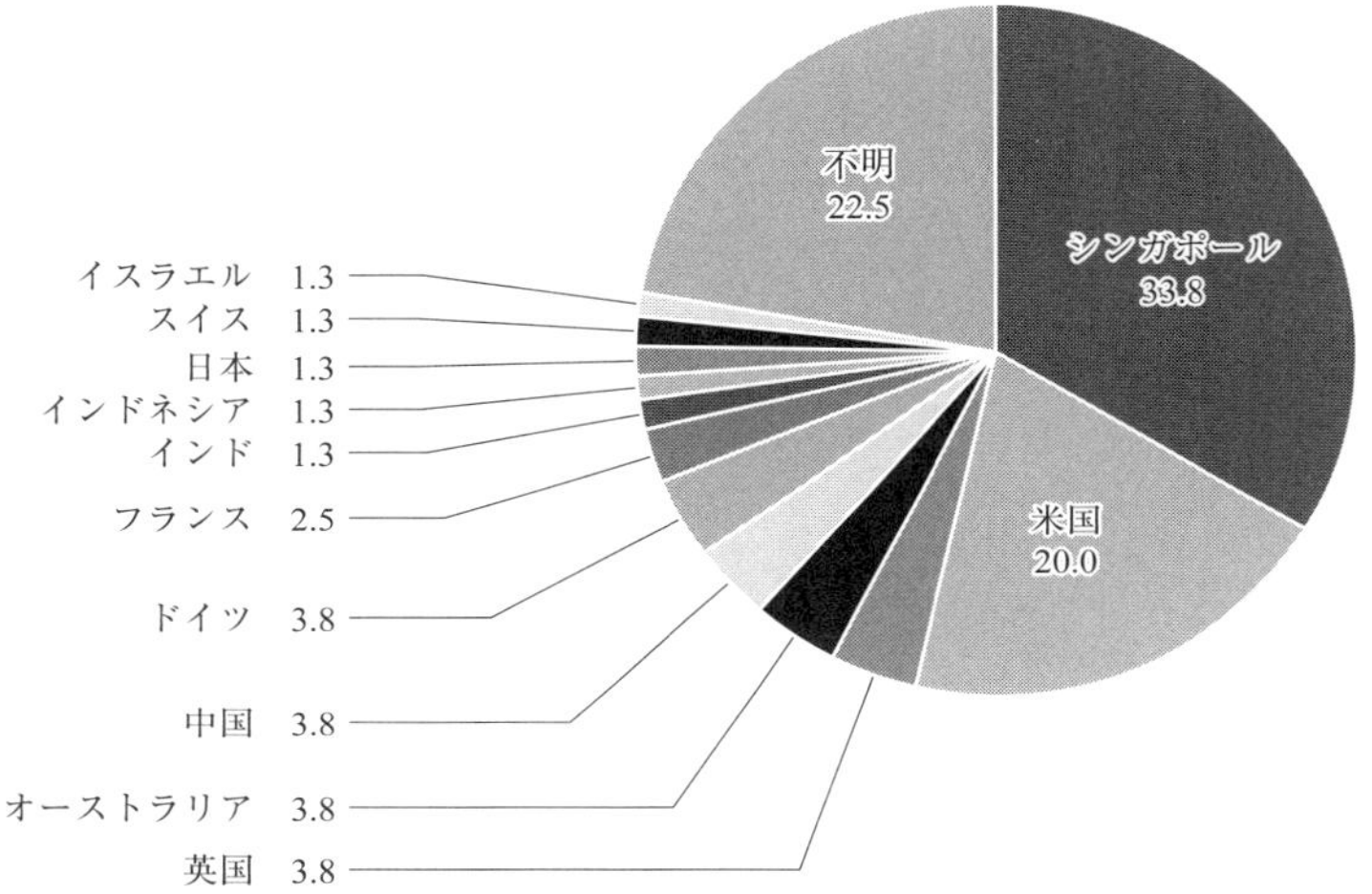


出所：筆者作成。

ている。このなかでＮＯＣに参加したことを明記している二名、フードデリバリーサービスを提供しているオドル（ＯＤＤＬＥ）のジョナサン・リム（Jonathan Lim）氏と前述したゼファーズを設立したティエンウェイ・リュー（Tianwei Liu）氏も含まれている。ほかにも南洋理工大学、シンガポール経営大学の卒業生も数名ながらも含まれている。

つぎに多いのは米国である。その内訳は、カーネギーメロン大学、ミシガン大学、ノースイースタン大学、ジョンズ・ホプキンス大学、マサチューセッツ工科大学（ＭＩＴ）、サザン・ニューハンプシャー大学、スタンフォード大学、カリフォルニア大学サンディエゴ校、カリフォルニア大学バークレー校、ペンシルベニア大学、バッファロー大学、シンシナティ大学、アッパー・アイオワ大学、サンフランシスコ大学、コロンビア大学である。スタンフォード大学やハーバード大学のような起業家を多数輩出する大学に偏っているわけではない。

続いて英国（マンチェスター大学、ウォーリック大学、ＢＰＰ法学部〔BPP Law School〕、オーストラリア（クイーンランド大学、ジェームス・クック大学）、中国（清華大学、香港理工大学）、ドイツ（ミュンヘン工科大学、デュースブルク＝エッセン大学）、フランス（ＩＮＳＥＡＤ）が二名ずつ、インド（インド経営大学、インド商科大学院）、インドネシア（インドネシア大学）、日本（早稲田大学）が一名ずつといった構成である。

企業は複数の創業者によって設立される場合が多いが、ブロック71では出身大学が同じ者たちが共同創業する例が多い。他方で、出身大学が異なる者たちが共同設立する場合、同国人での共同創業か、ハイテク分野の研究者による共同創業がよくみうけられる。前者の例として、ＮＵＳ、南洋理工大学、シンガポール経営大学の出身者たちが共同設立したオドルや42レース・ドットコムが挙げられ、後者の例として、ＡＩ（人工知能）研究者らによって共同創業されたシェンティリアム・テクノロジーズ（Shentilium Technologies）、半導体設計のシリコン・ストレイツ（Silicon Straits Pte Ltd）、バイオ関連事業のアジアン・サイエンティスト（Asian Scientist）などが当てはまる。

このように、ブロック71には、多様な国から、多様な背景をもつ起業家が集まってきており、そのなかでＶＣやインキュベータの支援を受けつつ、事業が展開されていることがわかるだろう。

筆者がブロック71で出会ったインド人の入居者も、「シンガポールは起業しやすい国で有名だし、ブロック71にいるとさまざまな出会いがある」ことを熱く語っていた。起業家が一定程度集積することによってエコシステムは活性化するものだが、ブロック71はすでにその臨界点を超えたと思われる。シンガポールでユニコーンが現われたり、起業家どうしのネットワークを通じて、シンガポールのエコシステムの卓越性が海外にも喧伝されたりすることにより、シンガポールに機会を求めてやってくる海外の起業家は今後も増えていくと推測される。

## おわりに

これまで、シンガポールにおける起業活動の主体は「移民起業家」であり、政府も彼らを優遇する政策をとってきたという印象が強く、そちらに光が当てられてきた。しかし二〇〇〇年初頭からシンガポールでは大学（NUSエンタープライズ）を中心にさまざまな改革が行なわれ、自国から起業家を輩出する仕組みづくりに長期にわたって取り組んできた。ここで育てられた人材の蓄積があったからこそ、二〇一一年にブロック71がつくられたとき、短期間でそれは離陸することができたのである。

さらに、ブロック71の設立によってシンガポール国内の起業家の集積が可視化され、また政府の企業家優遇政策という後押しもあり、シンガポールは海外の起業家を引き付け、アジアを代表するスタートアップ・ハブとして成長してきた。つまり、シンガポールは、移民起業家に依存するばかりではなく、自国民のなかに起業家プールをつくることにも腐心してきて、その成果が徐々に表われてきたのである。

本章で紹介したシンガポールの挑戦は、日本に対して大きな示唆を与える。日本では、起業家プールをつくる前にインキュベータなどの箱物の建設や起業家支援制度の充実を図ってきたが、そもそもそれを利用する人材を育てたり誘致したりすることにそれほど力を入れてこなかった。その背後には、「政策や建物をつくれば人が育つ（だろう）」という政策の誘発効果に対する期待があったと思われる。しかしその政策が不十分であったことは、シンガポールの歴史が示してくれるであろう。

註　記

（1）たとえば、グラブの共同創業者のアンソニー・タン氏はマレーシアの出身であり、シーの共同創業者のフォレスト・リー氏は中国出身である。ラザダもドイツのロケット・インターネットによって設立され、レイザー（Razer）の創業者、ミン・リアン・タン（Min-Liang Tan）氏はシンガポールの企業家であるが、レイザーは米国カリフォルニアのカルネ（Kärna LLC）という会社を買収した。
（2）そのひとつが同国で事業をはじめる外国人起業家のための在留資格、「起業家パス（EntrePass）」であり、二〇〇四年に新設された。
（3）「グローバル投資家プログラム（Global Investor Programme）」については、https://www.contactsingapore.sg/gip を参照のこと。
（4）「Xバレー勃興　起業都市　シンガポール（下）育て『自国発』最高学府立つ」『日経産業新聞』二〇一八年一〇月二四日付。
（5）シー総長（当時副総長）の二〇〇〇年の卒業式でのスピーチが、当時の彼の考えをよく表わしている。「知識のある人材と企業家精神から機会と富は生み出されるのである。そして私は、これらすべて、あなたのなかに、NUSの学生のなかに、スタッフや教授のなかにあると信じています」（National University of Singapore 2005: 81）。
（6）NUSエンタープライズのウォン・ポー・カム教授へのインタビューより（二〇一八年九月一一日）。
（7）註（6）に同じ。
（8）「シンガポール学生二二〇〇人派遣：起業家の卵、世界のVBに」『日本経済新聞』二〇一七年一〇月一日付。

（9）註（6）に同じ。
（10）そのなかの一社にクリエイティブ・テクノロジー（Creative Technology）がある。同社はＰＣから質の高い音を生み出すサウンドブラスター技術で一世を風靡し、一九九二年にナスダック（ＮＡＳＤＡＱ）に上場した。しかしアップル社など新規参入者により、同社は二〇〇七年にはナスダック上場廃止となっている。
（11）"All together now: What entrepreneur ecosystem need flourish?" January 16, 2014（https://www.economist.com/special-report/2014/01/16/all-together-now、二〇一八年一二月一八日閲覧）.
（12）シンガポールの都市再開発庁によって設定された規定で、土地を産業用途に使うときに遵守すべきルールを示したもの。
（13）ＪＥＴＲＯシンガポール事務所の澤田佳代子氏、本田智津絵氏へのインタビューより（二〇一八年九月一〇日）。
（14）http://www.blk71.com/community/directory を参照。


参考文献

〔日本語文献〕

岩崎育夫（二〇〇五）『シンガポール国家の研究――「秩序と成長」の制度化・機能・アクター』風響社。

岩崎育夫（二〇一三）『物語シンガポールの歴史――エリート開発主義国家の二〇〇年』中公新書。

岩崎薫里（二〇一六）「東南アジアで活躍し始めた日本人スタートアップ」『環太平洋ビジネス情報ＲＩＭ』一六巻六三号：一～三六頁（https://www.jri.co.jp/MediaLibrary/file/report/rim/pdf/9646.pdf、二〇一八年八月二一日閲覧）。

岩崎薫里（二〇一七）「スタートアップ・エコシステム形成に向けて動き始めた東南アジア」『日本総研 Research Focus』No. 2017-007（https://www.jri.co.jp/MediaLibrary/file/report/researchfocus/pdf/9966.pdf、二〇一八年八月三一日閲覧）。

北野陽平（二〇一五）「シンガポールにおいて活性化するベンチャー育成に向けた取り組み」『野村資本市場クォータリー』（Summer）：七〇～九九頁（http://www.nicmr.com/nicmr/report/repo/2015/2015sum05.pdf、二〇一八年七月二〇日閲覧）。

本田智津絵（二〇一六）「シンガポール――東南アジア最大の起業拠点（特集　世界のエコシステム――イノベーション企業支援）」『ジェトロセンサー』第六六巻七八九号（八月）：一六～一八頁。
本田智津絵（二〇一八）「スタートアップ、シンガポールを拠点に多国展開へ」『ＪＥＴＲＯ地域分析レポート』（https://www.jetro.go.jp/biz/areareports/special/2018/0902/1ef146ce85a6966e.html、二〇一八年九月三〇日閲覧）。

〔英語文献〕
National University of Singapore（2005）*Transforming Lives: NUS Celebrate 100 Years of University Education of Singapore*, Singapore: Ridge Books.
Startup Genome（2017）*The 2017 Global Startups Ecosystem Report*（https://startupgenome.com/thank-you-enjoy-reading/ 二〇一八年一月一五日閲覧）.
Wang, C. K., and P. K. Wong（2004）“Entrepreneurial Interest of University Students in Singapore,” *Technovation* 24(2): pp. 163-172.
Wong, P. K., Y. P. Ho, and A. Singh（2011）“Towards a ‘Global Knowledge Enterprise: The Entrepreneurial University Model of the National University of Singapore,” in P. K. Wong, ed., *Academic Entrepreneurship in Asia*, Cheltenham: Edward Elgar.
Wong, P. K., Y. P. Ho, and S. J. Ng（2017）*Growth Dynamics of High-Tech Start-ups in Singapore: A Longitudinal Study*, NUS Enterprise（https://htsu.techsg.io/ 二〇一八年八月一二日閲覧）.
Wong, P. K.（2018）“Developing Singapore’s Innovation and Entrepreneurship Ecosystem: From Internet/Mobile Services to Deep Technology Commercialization?” Unpublished paper: pp. 1-24.

## 【コラム②】タイのエコシステムの現状と今後の展望

経済が急成長するASEAN（東南アジア諸国連合）は近年、スタートアップの文脈でも世界的な注目を集めている。タイもASEANのなかで起業が盛んになっている国のひとつだ。

もっとも、ユニコーンと呼ばれるような大型スタートアップが二〇一九年四月時点で出現しているわけではないため、一般的にはタイにスタートアップのイメージはないかもしれない。人口が七〇〇〇万人弱のため、ユニコーン級の成長に十分な国内市場があるわけではない。また、言語や宗教、文化が異なる他のASEAN諸国に展開するためには、技術面で圧倒的な優位性を備えた事業を構築しなければならないが、そのための技術者（エンジニア）が十分なわけでもない。タイの「顔」となるようなスタートアップが生まれるまでには、もう少し時間がかかるかもしれない。

その点とコインの裏表の関係になるが、タイの起業環境は、中国はもちろん、日本とくらべても、多くの業種でまだそれほど競争が激化しているわけではない。そのため、事業を「ゼロから一へ」、つまり、まったく新しい事業をはじめるには適した地であるともいえる。創業間もない企業にとっては、ある程度成長しやすい環境となっている。そこで、タイ政府も数年前から、エコシステムの醸成に積極的に取り組みはじめた。二〇一五年にスタートアップ向けのファンドを準備しはじめたほか、二〇一六年にはStartup Thailandを開催し、海外からも多くの関係者を招待した。また、二〇一八年には、スタートアップ関係の人材も含めて、専門家を呼び込むための「スマートビザ」の発給もはじめた。

市場規模や人材などで課題を抱えるタイだが、政府の積極的な施策と外国人や多様な文化を受け容れる柔軟な国民性から、今後は外国人の流入が国内のエコシステムを活性化していくのではないだろうか。タイは移住したい国トップ一〇に選ばれており、「ノマド大国」としても世界有数の地である。国際色豊かな人材・事業に彩られたエコシステムの醸成が今後も注目されるだろう。

（越　陽二郎）

# 第2章　「シリコンバレー志向型政策」の展開

## 台湾の事例

川上　桃子

## はじめに

東アジアでは二〇一〇年代以降、米国のシリコンバレーを参照モデルとして、スタートアップの起業を通じたイノベーションを促進する政策が採られるようになっている。従来から米国とのあいだに強い知識リンケージ、人的つながりを持つシンガポールや台湾のような国・地域だけでなく、日本や中国のように独自のイノベーション・システムの歴史を持つ国々においても、シリコンバレー流のイノベーションの仕組みや仕掛けが政府の関心を集め、政策プログラムのなかに「スタートアップ」「アクセラレータ」といった米国的な用語が盛り込まれるようになっている。本章では、シリコンバレーを学習・連携の対象として位置づけ、起業を通じたイノベーションを振興しようとする政策を「シリコンバレー志向型の起業・イノベーション政策（シリコンバレー志向型政策）」と呼ぶこととし、台湾を事例として、東アジアにおける展開とその背後にある推進力を考察する。

シリコンバレー志向型の起業・イノベーション政策が東アジアの国々の関心を集めるようになった背景には、一九九〇年代半ば以降に顕著になった世界経済の構造的な変化がある。長らくこれらの国々の政策モデルとなってきた日本の産業競争力の低下、および米国のハイテク産業政策の再構築とその成功（宮田 二〇一一）は、その一因である。また、二〇〇〇年代以降、インターネット、ソーシャルメディア、IoT（モノのインターネット）やAI（人工知能）といった新たな技術がつぎつぎと出現するなかで、これらのイノベーションの中心地となったシリコンバレーの位置づけが従来にも増して高まったことの影響も大きい。

しかし、このような外的環境に注目するだけでは、東アジアの国々がシリコンバレー志向型の起業・イノベーション政策を積極的に推進するようになった背景を理解することはできない。シリコンバレー志向型の政策の広がりを理解するうえでは、これを受容した国々の個々の文脈と、政策の立案・実施にかかわった関係者らの動機を理解する必要がある。東アジアの国々は、どのような問題意識と必要性から、シリコンバレーという特異なコミュニティのなかから生まれた起業とイノベーションのためのエコシステムを学習のモデル、連携の対象として自国の政策のなかに位置づけるようになったのか。どのようなアクターのいかなる動機が、これらの政策の推進力となってきたのか。

本章では、東アジアのなかでもとくにシリコンバレー志向型の政策を積極的に推進してきた台湾の事例を取り上げ、筆者が二〇一五〜一九年にかけて台北およびシリコンバレーで行なった関係者らへのインタビュー調査の成果をもとに、これらの点を考察する。

次節以降では、まず、シリコンバレーのエコシステムの特徴を考察し、東アジアにおけるシリコンバレー志向型政策の展開を概観する（第一節）。つぎに、台湾の事例を分析対象として、シリコンバレーからの学習やそのエコシステムとのリンケージ創出を目指す政策の実施過程をみる（第二節）。続いて、台湾内の文脈に目を転じ、このような政策の背後に、シリコンバレーの台湾人コミュニティ、台湾の政権与党、科学技術官僚といったさまざまなアクターの問題意識や働きかけがあったことを示す（第三節）。最後に本章での議論をまとめる。

## 一　シリコンバレー型システムと東アジアへの波及

本節ではまずはじめに、東アジアの国・地域がそのイノベーション政策のモデルとして参照し、これとのリンケージ創出に取り組んできたシリコンバレーのイノベーション・システムの特徴を論じる。次いで、東アジアの国々におけるシリコンバレー志向型政策の展開を概観する。

### (1) シリコンバレーのエコシステム

カリフォルニア州サンフランシスコから、その南の郊外に位置するスタンフォード大学周辺を経てサンノゼにかけての一帯に広がる「シリコンバレー」[1]は、ハイテク・スタートアップの揺りかごとして、またスタートアップとしてはじまり、急激な成長を遂げて寡占的地位を築いたハイテク・プラットフォーマの集積地として、世界的に著名である[2]。

この地域は、過去半世紀以上にわたって破壊的な新技術を世に送り出してきた。二〇世紀後半を通じて、その名の由来である半導体産業のイノベーションの中心地であり続けたほか、一九九〇年代にはインターネット、二〇〇〇年代にはデジタルサービスやメディカルテクノロジー、さらに二〇一〇年代以降はIoT、AI、シェアリング・エコノミー、自動運転といった新たな技術やサービス、これらを活用した新たなビジネスモデルが、この地から生まれてきた。とくに二〇〇〇年代以降は、クラウドサービスの普及や各種の起業支援サービスの発展による起業時の初期投資費用の低下、高速無線通信と携帯端末の普及が生み出したアプリやウェブサービス市場の急拡大といった世界的な技術環境の変化がスタートアップの起業と成長に有利な環境を醸成し、シリコンバレーから無数のスタートアップが誕生した。

シリコンバレーに世界中から集まってくる起業家、エンジニアたちは、しばしば数人からなるチームを組み、新技術を組み込んだ製品プロトタイプや破壊的イノベーションを狙うビジネスモデルのローンチを目指して、起業に挑む。これらのチームの多くは、プロトタイプやビジネスモデルの改良とその投資家向けのプレゼンテーションを繰り返しながら、複数のラウンドからなるアーリーステージの資金調達の道のりに挑む。大部分のスタートアップは、その過程で投資家や市場による厳しい選別にさらされ、淘汰されていくが、そのなかからふたたび次の起業に挑み、成功をおさめる者が生まれる。

一方、厳しい選別を生き抜いた一握りのチームは資金調達に成功して急速な成長を遂げ、一定の段階まで事業を成長させると、事業売却やIPO（新規株式公開）を遂げて「エグジット」を果たす。こうして成功をおさめたスタートアップのメンバーたちは、しばしばその経験を活かして次のビジネスプランの実現へと乗り出し、成功経験を重ねて「連続起業家」としての揺るぎない地位を築いていく。連続起業家となった人びとの多くは、エンジェル投資家やベンチャー投資家となって、みずからの資金と経験、人脈を新たな世代の起業家へと投資するようになっていく（コラム⑦参照）。

このようなハイテク・スタートアップの「多産多死」のプロセスを支えているのが、シリコンバレーの起業とイノベーションのエコシステム（本書の序章 岸本 二〇一八）である。フェレイとグラノベッターは、シリコンバレーのイノベーションにかかわる主なプレイヤーとして、スタートアップ、大企業、大学、ＶＣ（ベンチャーキャピタル）、研究機関などの一二のアクターをあげ、これらの機能を論じた（Ferray & Granovetter 2009）。これに加えて、二〇〇〇年代半ばごろから、シリコンバレーのエコシステムの重要なアクターとして注目を集めているのが、アクセラレータと呼ばれるスタートアップの支援事業者の役割である。

アクセラレータは、個々のスタートアップに対して少額の出資を行なうほか、育成対象チーム向けに数カ月間のプログラムを用意して集中的な指導や助言を提供し、スタートアップの成長を一気に加速させることを狙う[(3)]。アクセラレータは、小規模なチームが立ち上げた新規事業が爆発的な成長を遂げ、成功をおさめることのできる環境が出現したことに触発されて登場した起業支援サービスであるが、同時に、アクセラレータ部門の成長がスタートアップの加速的成長を後押ししてもいる。後述するように、このアクセラレータの仕組みの国際伝播は、東アジアにおけるシリコンバレー型の起業・イノベーション政策の波及の牽引車のひとつとなっている。

シリコンバレーは数十年にわたり、半導体・インターネットから、ＡＩ、ビッグデータ、さらには医療機器、グリーンエネルギーまで、必ずしも技術的な連続性や連関性のない幅広い分野でイノベーションを生み出し、無数のスタートアップを輩後し続けてきた。その背後には、新奇なアイディアや技術の商業化を狙うスタートアップの活発な生成と、その育成・選別を担う多様なアクターが織りなすネットワークとしての、高度に発達したこの地のエコシステムがある。

## (2) 東アジアにおける「シリコンバレー志向型政策」の広がり

米国、とくにシリコンバレーをイノベーションのモデルとし、学習・連携の対象としてきたのは、東アジアの国々だけではない。二〇〇〇年代初頭以降、シリコンバレーが破壊的な新技術や新たなビジネスモデルの震源地として世界的な存在感を高め、さらに二〇〇八年のリーマンショックとこれに続く世界的な不況を機に新たな経済成長モデルへの模索の動きが広がると、欧州、さらには中東やアフリカの一部の国々でも、政府がスタートアップの育成や起業、イノベーションを支えるエコシステムづくりに注力する動きが生まれた。本章が「シリコンバレー志向型」と呼ぶ起業やイノベーションの促進策は、実際には、シリコンバレーを参照モデルとして多くの地域が取り組んできた政策面での試行錯誤と、その経験の国際的な共有を通じて形づくられてきたものである[4]。この点を念頭に置いたうえで、以下では、一九九〇年代以降の東アジアにおける米国型イノベーション政策の受容の過程を簡単に整理する。

東アジアにおける米国型のイノベーション・システムの受容には、いくつかの波がある。一九九〇年代末から二〇〇〇年代初頭にかけては、アメリカ型の産官学連携促進策の導入の波が広がった。その際、焦点のひとつとなったのが、政府資金による研究開発活動の成果物である知的財産の権利を大学や研究者等が保有することを認めた米国の「バイドール法」(一九八〇年制定)の制度枠組みの導入であった。

日本では一九九九年に日本版バイドール制度が法制化され、また同じ時期に、大学発ベンチャーの振興策等がつぎつぎと導入された（西澤 二〇一二）。台湾でも、一九九九年の科学技術基本法の制定と二〇〇三年の同法改正により、バイドール法に類似した知的財産権の取り扱いの枠組みが整備された（岸本 二〇一〇）。中国では二〇〇七年の科学技術進歩法の改正により、また韓国では二〇一〇年の科学技術基本法の改正により、それぞれバイドール制度が規定された（古谷・渡部 二〇一四）。

二〇一三〜一四年ごろからは、シリコンバレー型の起業促進策、エコシステム構築の試みが積極的にとられるようになった。なかでもシンガポールは、政府の積極的なスタートアップ振興策のもとでエコシステムの拡充が進み、複数のユニコーン企業を輩出することに成功して、注目を集めている（JETROシンガポール事務所 二〇一八 本書の第1章）。シンガポールでは、政府がスタートアップ育成策を主導し、スタートアップ向けの支援スキーム、アクセラレータへの支援、コワーキングスペースの設置等に大きな役割を果たしてきた。

日本では、二〇〇〇年代末ごろから、Open Networks Lab、サムライインキュベートなどが登場して米国流のアクセラレータの仕組みが導入されるようになった（インターネット白書編集委員会 二〇一六）。二〇一五年には、シリコンバレーの著名アクセラレータのひとつである500スタートアップス（500 Startups）が日本への投資を開始し、二〇一七年には同じくシリコンバレーの大手インキュベーションセンター、プラグ・アンド・プレイ（Plug and Play）が日本に拠点を設立した。また、これと前後して経済産業省が中心となったJ-Startupの試みや、起業家やベンチャー企業等のシリコンバレーへの派遣事業「シリコンバレーと日本の架け橋プロジェクト」も始動した。

韓国では二〇一三年ごろから、政府の未来創造科学部や銀行協会がスタートアップ・キャンパスを開設し、また同じ時期に、SparkLabs、K-startupといった韓国系アクセラレータも創業した。二〇一五年にはグーグルがソウルにキャンパスを開設し、現代やロッテのような大手財閥もインキュベータやアクセラレータを設立するなど、スタートアップ支援の担い手が広がった（向山 二〇一七）。

このように、東アジアの国々では、シリコンバレー型のスタートアップ・コミュニティの創出を目指して各国の政府がさまざまな取り組みを行なうようになっている。

### （3）いくつかの共通点

右で概観した東アジア諸国の政策的取り組みには、いくつかの共通した傾向がみてとれる。第一に、これらの政策には、シリコンバレーを参照モデルとし、そのエコシステムを学習対象とすると同時に、シリコンバレーとのあいだに人的つながりをつくりだし、これを通じて起業家人材を育成しようとするアプローチがみてとれる（学習と連携のセット化）。

第二に、各国のシリコンバレー型のエコシステム構築の試みが、ほぼ同じタイミングで着手されたことである。バイドール制度の国際波及に要した年月にくらべると、二〇一三～一五年ごろに広がったシリコンバレー志向型政策の波及には、より高い同時性がある。これは、リーマンショック後の世界的な不況が新たな政策の模索のきっかけとなったことが関係しているものと考えられる。

第三に、シリコンバレー・モデルの国際波及の過程では、政府主導のイニシアティブと、シリコンバレーのエコシステムの構成員である大手企業やアクセラレータの国際展開、各国の民間部門による動きが互いに連動して推進力を構成した。立法過程をともなうバイドール法の導入とは異なり、二〇一三〜一五年ごろからアジアで広がったシリコンバレー型エコシステム構築の試みは、しばしば政府による起業家人材育成プログラムというかたちをとったこと、民間部門の動きによって主導されたことから、よりスピーディに展開したものと思われる。また、アジア各国が互いの政策から影響を受けていた可能性も高い。

第四に、これらの政策では、起業とイノベーションという、本来は性格が異なる経済活動がセットで振興されている（起業とイノベーションのセット化）。シリコンバレーでは、急速な成長を模索するスタートアップが互いにしのぎを削るなかで、破壊的な技術への強い志向性が生まれ、スタートアップという組織形態とイノベーションとが必然的に結びついた。これに対して、後述するように東アジアでは、若者の就労の質の向上や新産業の振興といった政策アジェンダが、起業とイノベーションのセット化を後押しすることとなった。

次節以降では、台湾を事例に取り上げ、以上のような特徴を持つ東アジアのシリコンバレー志向型政策の受容・実施の過程と、その素地となった東アジア側の文脈、動機などを検討していく。

## 二　台湾の「シリコンバレー志向型政策」

台湾において、本章が注目するシリコンバレー志向型の起業・イノベーション政策が省庁横断的に本格的に推進されるようになったのは、二〇一四～一五年ごろからのことである。ただし、政策展開の系譜をみていくと、二〇〇八年に開始されたＳＴＢプログラム（Stanford Taiwan Biomedical Fellowship Program：台灣－史丹福醫療器材產品設計之人才培訓計劃）の成功が、これに続く政策プログラムの起点として重要である[5]。本節では、二〇〇八年のＳＴＢプログラムの開始から二〇一七年のＬＥＡＰプログラム（Learn, Explore, Aspire, Pioneer Program：博士創新之星計劃）の開始までを対象として、台湾におけるシリコンバレー志向型政策の流れを概観する。

なお、台湾政府による起業・イノベーション促進策は多岐にわたり、経済部や教育部による取り組みもその重要な一部をなす。このことを念頭に置きつつ、本節では、台湾におけるシリコンバレー志向型政策やハイテク・スタートアップ育成策の主柱を担ってきた科学技術部（二〇一四年に国家科学委員会より改組）の政策に注目し、同部とその傘下機関による政策プログラムに焦点を絞って分析を行なう。

## （1）シリコンバレー志向型政策の生成

### ①ＳＴＢプログラム

ＳＴＢプログラムは、二〇〇八年に、国家科学委員会（二〇一四年に科学技術部に改組）傘下の財団法人・国家実験研究院が運営実務を担うかたちではじまった。これは、優れた工学系人材と医学系人材を擁する台湾が、その強みを生かしうる次世代産業のひとつとしてメディカルテクノロジー産業をターゲットに設定し、高付加価値型の医療機器のイノベーションを担う起業家コミュニティの創出を目指して開始した人材育成プログラムである。

このプログラムを着想し、実現に移したのは、長年にわたって米国で医療機器ベンチャーの経営や創業にかかわり、成功した医療機器起業家・ベンチャーキャピタリストとしてシリコンバレーでも知られていた台湾出身の張有徳と、国家科学委員会のシリコンバレー拠点の責任者だった楊啓航であった。ＳＴＢプログラムの成功は、シリコンバレーを熟知し、現地の医療機器イノベーション・コミュニティに強い人脈を持つ張と、台湾のイノベーション政策のキーパーソンらへの太いパイプを持つ楊が、強い熱意を持ってプログラムの企画、立案にあたり、台湾のハイレベルの政治家の支持をとりつけ、かつスタンフォード大学の関係者を含むシリコンバレー側の関心を引きつけることに成功したことに負うところが大きい（川上二〇一六）。

ＳＴＢプログラムでは、一定の実務経験を有し、医療機器のイノベーション、スタートアップの起業に強い関心を持つ医師やエンジニアを選抜し、スタンフォード大学の客員研究員としてシリコンバレーでの一年間の研修に送り出す。このプログラムで重視されるのは、参加者一人ひとりが、シリコンバレーの医療機器エコシステムの内部に身を置き、同地の医師、起業家、投資家、弁護士といった専門家たちとの人脈をつくり、このイノベーション・エコシステムのなかで起業に向けた準備を積む（ないし起業に着手する）こと、また台湾へ帰った後にも長期的に維持できるシリコンバレーとの人的つながりをつくることである。

二〇一八年の時点で、同プログラムを終了した四三人により、二〇社を超すスタートアップが起業されているが、そのなかにはすでに優れた実績を上げつつある企業が複数含まれている。ＳＴＢプログラムの第一期生が起業した萊鎂医療機材（二〇一一年創業）は、睡眠時無呼吸症候群治療器具、ＡＩを用いた睡眠分析のスタートアップである。同社は世界で七〇を超える特許の取得、台湾の新興企業向けの株式市場（「興櫃市場」）での公開を実現し、量産出荷を開始した。ＳＴＢプログラムの三名の同期生が共同創業し、「興櫃市場」登録を果たしたモバイルヘルスの安盛生科、プログラムの創始者である張有徳が台湾に戻って創業し、クラス二、クラス三の医療機器[6]の商品化を着実に進めている益安生医も有望株である（頼 二〇一七）。

筆者が二〇一五年から行なってきたＳＴＢプログラム関係者らへのインタビューからは、このプログラムを経て起業した研修生らが、帰国後もシリコンバレーの医療機器イノベーション・コミュニティとのつながりを維持しており、シリコンバレーの資源を巧みに活用していること、研修生らが帰国後も凝集力を維持しており、医療機器の開発や起業に関心を持つ台湾のエンジニアや医師たちへのメンタリングや情報提供を行なって、台湾における医療機器起業家コミュニティの発展に寄与していることがわかった（川上 二〇一六）。

二〇一三年に国家科学委員会は、スタンフォード大学医学部と提携して、同大学が課程化した創薬、医療機器の橋渡し研究[7]のトレーニング・プログラム「ＳＰＡＲＫ」を、台湾の複数の大学向けに導入した。これは、スタンフォード大学にとっては、ＳＰＡＲＫプログラムの初めての国際展開となる事例であった。シリコンバレーに起業家の卵たちを送り出すＳＴＢプログラムと、台湾内で米国型のトレーニングを提供するＳＰＡＲＫは、メドテック人材の育成策として相互補完的な関係にある。

政策関係者らへのインタビューからは、シリコンバレーとの連携を通じて起業家コミュニティの立ち上げを図るＳＴＢプログラムの成功が、ＳＰＡＲＫの導入の重要なきっかけとなったこと、さらに後述するＬＥＡＰの立案の契機にもなったことがわかった。[8] ＳＴＢプログラムは、シリコンバレーとの連携を通じた起業家人材育成プログラムのテストケースとして、重要な役割を果たしたと考えられる。

②ＦＩＴＩプログラム

二〇一二年に、国家科学委員会のイニシアティブではじまったＦＩＴＩプログラム（From IP to IPO Program：創新創業激勵計劃）は、大学発のハイテク・スタートアップの奨励・育成策である。このプログラムの立ち上げの中心となったのは、国家科学委員会主任の朱敬一と、台湾大学の副学長を経て国家実験研究院の院長の職にあった陳良基[9]であった。

国家科学委員会では、従来から大学の研究活動のなかから生まれた新技術の商業化を奨励する施策を実施していた。しかし、そのための取り組みとして起業コンペなどを行なっても、優れたチームの多くはコンペで入賞し、賞金を得た時点で満足してしまい、起業に向けたトレーニングの不足もあって、実際の起業にはなかなかつながらなかったという（陳 二〇一六）。朱と陳は従来の取り組みのこのような限界を踏まえ、スイスで二〇〇七年から行なわれている大学発のスタートアップ育成プログラムVenture Kickの枠組みを参照しながら、シードマネーとトレーニングの提供を、競争的なチーム選抜のプロセスと組み合わせるＦＩＴＩプログラムを立ち上げた。以下、二〇一八年九月および二〇一九年一月に、同プログラムの実務を担う国家実験研究院に対して行なったインタビュー調査とその際に入手した資料をもとに、プログラムの内容を紹介する。

ＦＩＴＩプログラムに応募できるのは、国家科学委員会（科学技術部）の助成を受けた研究プロジェクトの成果にもとづく起業プランに限られる。そのため、同プログラムの参加者には理工系の大学院生や学部生たちが多く、プロジェクトの内容も、ＩｏＴ、ＡＩ、メディカルテクノロジーといった科学志向型のものが多い。

プログラムは、複数のステージからなり、選抜に勝ち残って次のステップに進むたびに奨励金やシードマネーが提供される仕組みとなっている。まず、プログラムに選ばれた三〇～四〇のチームには、三万元ずつの奨励金が与えられる。第一次選抜に残った二〇弱のチームは、さらに一〇万元を獲得する。デモ・デイを経て一〇弱に絞り込まれたチームにはさらに二五万元が、そして最終選抜に残ったチームには賞金・シードマネーが合わせて二〇〇万元支払われる。次のステップに進むことができなかったチームは、フィードバックを通じて、自分たちに足りないものを知り、再起を期す。最後まで勝ち抜いたチームは、創業資金に加えて、半年間のプログラムを通じてメンタリングやネットワークづくりの機会を得ることができ、起業という目標への距離を縮めることができる。それぞれのチームに学びの機会と奮起のきっかけを提供するプログラム内容だ。

プログラムに選ばれたチームのメンバーらは、合宿や講義に参加し、台湾出身のシリコンバレーの起業家や台湾の大企業の幹部たちからの助言を受けながら、事業化に向けた準備を積んでいく。科学技術部のネットワークを通じて、新竹、台中、台南の科学技術園区の持つ資源へのアクセスを得られるほか、プロトタイプづくり、法律・財務面での支援も受けられる。

二〇一九年一月までの累計で、ＦＩＴＩプログラムの参加者は、四八〇チーム、一六〇〇人強にのぼり、このなかから一四四のスタートアップが生まれたという。このような数字にもまして重要なのは、

ＦＩＴＩプログラムを機に、大学の若手研究者や大学院生たちに「起業」という選択肢への関心が生まれたことであると思われる。

### （2）シリコンバレー志向型政策の本格化

①「シリコンバレー・リンケージ強化策」の始動

二〇一三年に開かれた科学技術発展諮問会議では、イノベーション・エコシステムの構築が重要な議題になった。さらに、後述するように、二〇一四年に「ひまわり学生運動」という大規模な抗議運動が勃発したことを機に、台湾では、若年層の経済問題が重要な政治イシューとして脚光をあびるようになった。これ以後、国民党・馬英九政権（二〇〇八～二〇一六年）は、若者に焦点をあてた起業・イノベーション政策に力を入れるようになっていく。

二〇一四年一二月には、「若者のための活路を見いだす」ことを目標に掲げて部・委員会（省庁に相当）横断の「行政院イノベーション・起業会合」が設立され、若年層の起業支援策が矢継ぎ早に打ち出された。その柱のひとつとなったのがイノベーション政策における「国際リンケージの構築」である。この一環として、シリコンバレーとのリンケージ強化を目指す三つの施策が打ち出された。具体的には、

①シリコンバレーと台湾に「台湾イノベーション・起業センター（Taiwan Innovation and Entrepreneurship Center, TIEC: 台灣創新創業中心）」を設立し、スタートアップを選抜してシリコンバレーへ送り出すＴＩＥＣプログラムの実施、

②総額三億ドル規模の官民共同の「台湾・シリコンバレー科学技術ファンド」の設立、

③シリコンバレーのスタートアップ向けのプロトタイプ作成サービスの拠点となる「台湾イノベーション・迅速プロトタイプ作成マッチングセンター」の設立、

といった施策が打ち出され、シリコンバレーとの連携を通じてスタートアップの育成を図る方向性がさらに鮮明になった。

このうち①のＴＩＥＣプログラムでは、一年に二〇チームを目安として、選抜されたスタートアップ・チームを三カ月以内の期間でシリコンバレーに送り出し、同地の著名インキュベーションセンターであるプラグ・アンド・プレイのなかに設けた拠点をベースとして、現地の企業、投資家、アクセラレータなどとの橋渡しを行なっている。[10] 参加するチームは、おおむね、ＦＩＴＩプログラムにくらべるとより成熟した段階にあるという。[11]

二〇一六年の総統・立法委員選挙では、「ひまわり学生運動」で打撃を受けた国民党が大敗し、民進党・蔡英文政権への政権交代が起きたが、前述のシリコンバレー・リンケージ強化策の一部は、かたちを変えつつ、引き続き実施されている。また、蔡英文政権はその経済政策の主柱である「五大イノベーション計画」のひとつに「アジア・シリコンバレー」計画を掲げ、スタートアップの育成やＩｏＴの振興策などに取り組んでいる。

②ＬＥＡＰプログラム

二〇一七年には、陳良基・科学技術部長のイニシアティブのもと、国家実験院が運営を担うかたちで、ＬＥＡＰプログラムがスタートした。このプログラムでは、「企業コース」「学術コース」の二つのカテゴリーで、合わせて年間約一〇〇名の博士号取得者をシリコンバレー、欧州、イスラエルなどの著名なイノベーション・コミュニティでの一年間の研修に送り出している。「企業コース」ではシリコンバレーのハイテク企業、なかでもスタートアップ企業に人材を送り出すことを通じて、シリコンバレーとのリンケージを持つ未来の起業家を育成することが試みられている。「学術コース」の参加者は、著名な大学や研究機関での研修を行ないつつ、各地の起業家との交流、起業イベントへの参加を活発に行ない、人脈開拓に務める。

STBプログラムやSPARKプログラムが、シリコンバレーの大学（スタンフォード大学）との連携を通じてイノベーションの担い手となる人材を育成してきたのに対して、LEAPプログラムの「企業コース」の目的は、シリコンバレーの企業とのリンケージ構築にある。このプログラムは開始から日が浅く、その成果を議論するのは時期尚早ではあるが、台湾のシリコンバレー志向型政策の試みの新たな段階として注目される。

## 三　「シリコンバレー志向型政策」の背後にある文脈

本節では、「はじめに」で示した二つの問い――東アジアではどのような問題意識と動機からシリコンバレー志向型政策が採られてきたのか、どのようなアクターがこれらの政策を推進してきたのか――に立ち戻り、前節でみた台湾のシリコンバレー志向型の起業・イノベーション政策の背景と文脈を探る。

図2－1　台湾の実質GDP成長率の推移

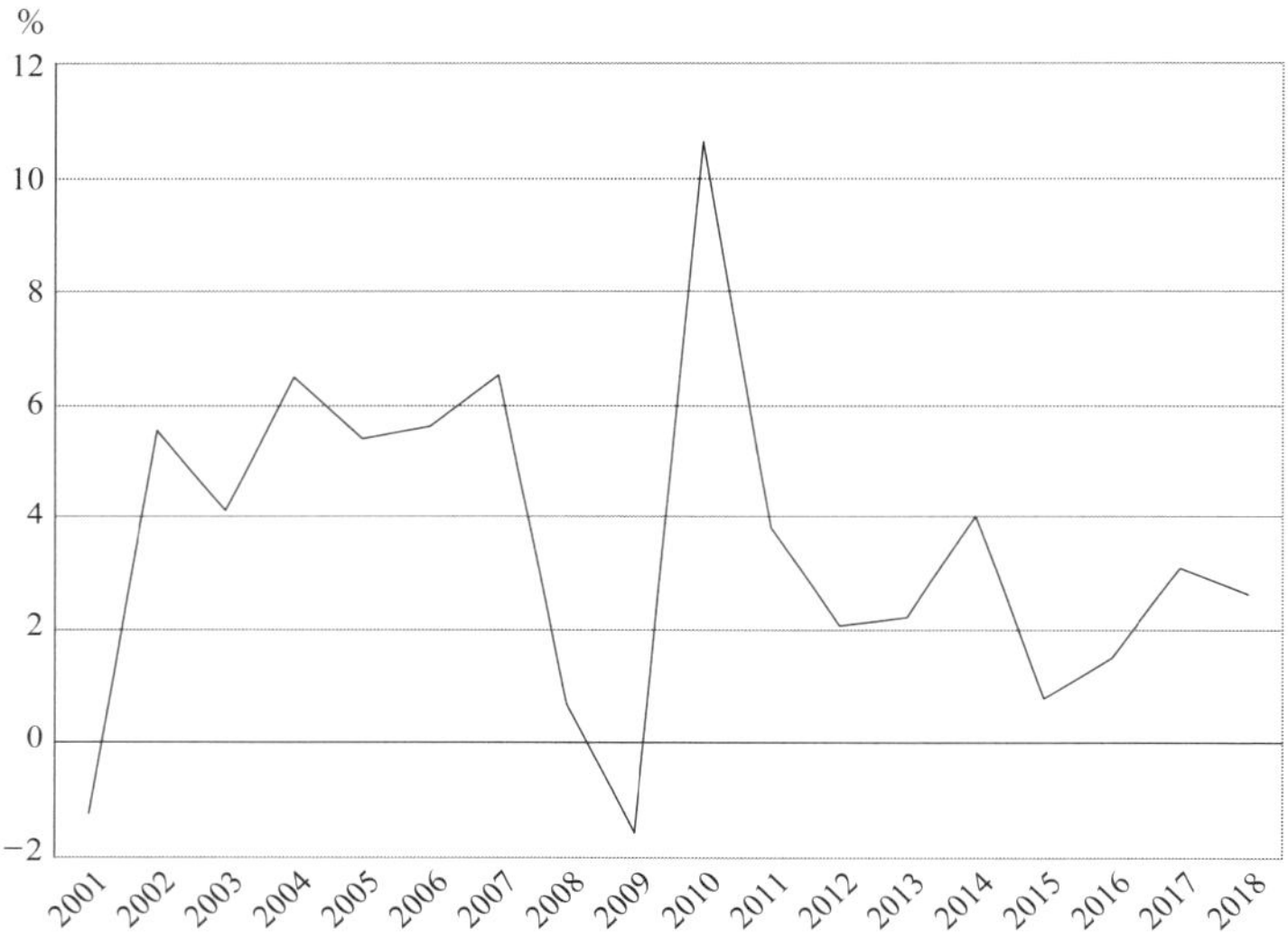


出所：行政院主計総処ウェブサイトより作成。

分析の主な材料は、筆者が二〇一六～一九年にかけて行なった政策関係者、研究者らへのインタビューである[12]。

### （1）新たな成長モデルの模索

本書の序章で論じられたように、東アジアにおける起業を通じたイノベーションへの関心の高まりの背後には、これらの国・地域が先進工業国への技術的キャッチアップの段階をほぼ終え、従来の経済成長を牽引してきた大量生産型のセクターに代わる新たな成長エンジンを必要とするようになっている、という事情がある。台湾についてみれば、一九九〇年代から二〇〇〇年代にかけての主導セクターは、エレクトロニクス製品の受託生産や、半導体・液晶パネルをはじめとする電子デバイス・部品製造業であった。しかし、リーマンショックにより二〇〇八～〇九年の実質

GDP成長率は大きく落ち込み、これ以降、台湾経済の成長率は年率二パーセント程度に低下した（図2－1）。また、電子産業への過度の依存、同産業の成長と表裏一体で進んだ対中経済依存の高まりも、台湾経済のリスク要因として問題視されるようになった。

台湾は、中国とのあいだに鋭い政治的・軍事的な対立関係を有しており、かつ中国は、台湾の対中経済依存度を高めることを通して台湾に対する政治的影響力を高める戦略をとっている（川上二〇一九）。しかし、急速にコモディティ化し、強いコスト低減圧力が働く製品・部品セクターでは、量産拠点としての中国への依存は避けられない。台湾にとって、新たな成長産業の育成は、経済政策としてのみならず、政治的な理由からもきわめて高いプライオリティを有する目標なのである。

このような新セクター創出の必要性に加えて、インタビューからは、①在シリコンバレーの台湾人起業家コミュニティの台湾政府に対する働きかけ、②若者の経済問題の政治イシュー化、③中国による台湾の起業家誘致策のもたらすプレッシャー、といった台湾に固有の複数の要因が絡み合うなかから、政府によるシリコンバレー志向型起業・イノベーション政策の推進力が形づくられてきた様子が浮かび上がった。以下ではこれをみていく。

### (2) 在シリコンバレー台湾人起業家コミュニティの働きかけ

台湾とシリコンバレーのあいだには、歴史的に深い人的つながりがある（コラム③参照）。両地を結びつける役割を担ってきたのが、シリコンバレーの台湾人ハイテク移民のコミュニティである。二〇〇八年のSTBプログラムの開始、二〇一四年の「シリコンバレー・リンケージ強化策」の立案の背後には、このコミュニティの台湾政府に対する積極的な働きかけがあった。

台湾では、一九六〇年代から一九九〇年代初頭にかけて、名門大学の理工系学部の卒業生の多くが、留学のために渡米した。彼らの多くは、卒業後も米国に残る道を選び、ハイテク企業や研究機関に就職した。やがて、シリコンバレーのハイテク企業の台湾人エンジニアのなかから、仲間たちとともに起業して成功をおさめる人びとが現われ、この動きに引き寄せられるように、シリコンバレーへと転職・転居する台湾人科学者やエンジニアが増加した。こうして一九八〇年代以降、シリコンバレーでは、台湾出身のハイテク起業家・エンジニアのコミュニティが発展した[13]。一九八〇年代前半に台湾のパソコン産業が、遅れて半導体産業が急発展を遂げ、母国とのビジネス・リンケージが拡大したことも、これらのハイテク移民コミュニティの発展を後押しした。

台湾出身のハイテク移民たちは、米国の市民権を得た後も、母国との密接なつながりを持ち続け、複数のチャネルを通じて台湾の科学技術政策、ハイテク産業の発展に貢献してきた。具体的には、①台湾の科学技術政策に対する助言・提言、②帰国創業・就職を通じた最先端の産業知識・技術の移転、③台湾企業とシリコンバレーのハイテク企業との橋渡し、といった役割を通じて、両地の技術コミュニティを深く結びつける役割を果たしてきた[14]。彼らはまた、台湾の政府やハイテク業界の人びとのシリコンバレー流の企業文化や組織運営に対する理解と受容の媒介者ともなった。

しかし、一九九〇年代半ば以降、台湾の経済発展とともに高等教育の水準が向上し、同時に台湾のハイテク企業の賃金面での待遇や仕事のやりがいといった点での吸引力が増すにつれ、米国での就職を視野にいれて渡米留学する若者の数はしだいに減少に転じた[15]。二〇〇〇年代になると、シリコンバレーの台湾人コミュニティは規模の縮小と高齢化に直面するようになり、母国とのリンケージも目に見えて弱まった。一方、シリコンバレーではインド人と並んで中国出身のエンジニア、起業家のプレゼンスが目立つようになり、このことが台湾出身者たちの焦燥感に拍車をかけた。

このような背景のもと、二〇一〇年ごろから、台湾出身のハイテク移民たちは、台湾政府に対して、シリコンバレーとのリンケージの再強化に着手するよう進言するようになった。この動きの中心となったのは、一九八〇年代後半から一九九〇年代にかけて連続起業家として成功をおさめ、その後、経営の第一線を退いて投資家となった六〇~七〇歳代の人びとであった。彼らは、台湾の政府高官、与野党の幹部がシリコンバレーを訪れる機会をとらえて、リンケージ再強化策の必要性を訴えた。また、サンノゼにある科学技術部のシリコンバレー・オフィスも、台湾のイノベーション政策部局に対する働きかけを積極的に行なった。

台湾政府と在米華人科学者・エンジニアのあいだには、一九七〇年代以来の緊密な協力関係がある（佐藤 二〇〇七）。また、台湾のイノベーション政策担当者らは頻繁にシリコンバレーを訪問してこの地の台湾人起業家たちとの情報交換を行なっており、個人的なつながりも強い。このような人的パイプの存在もあって、シリコンバレーの台湾人コミュニティの危機感は台湾側でも迅速に共有され、これが二〇一四年以降の「シリコンバレー・リンケージ強化策」の実現の背景となっていった。

シリコンバレーの側でも、豊富な起業経験とエンジェル投資家としての実績を持つ台湾出身者らによって「シリコンバレー台湾人エンジェル投資家協会」が結成され、母国の若いスタートアップ起業家らへの支援をより組織的に行なう体制が整った。二〇〇〇年代末以降、ＳＴＢプログラムやＴＩＥＣプログラムの一環として若い起業家の卵たちがシリコンバレーに送られてくるようになると、在シリコンバレー台湾人コミュニィティは、彼（女）らのシリコンバレーでの人脈づくりの支援、メンタリングや少額出資などを行ない、若い世代の台湾人たちのシリコンバレーでのネットワーク構築を支えた。前述のＳＴＢプログラムが、医療機器の起業家コミュニティの創出に成功しつつある背景にも、起業家の卵たちをさまざまなかたちで手厚く支援した在シリコンバレーの台湾人ハイテクコミュニティの存在がある。ＴＩＥＣ、ＬＥＡＰといったプログラムの参加者の受け入れ先探しにあたっても、彼らが果たす役割は大きい。

### （3）若年層の経済問題の政治イシュー化

一方、この時期の台湾の政権与党であった国民党・馬英九政権の側にも、新たなタイプの起業・イノベーション政策を打ち出さねばならない政治的な理由があった。そのきっかけとなったのが、二〇一四年の「ひまわり学生運動」の政治的衝撃であった。

台湾では、二〇〇〇年代末ごろから、若年層の就職難、賃金の伸び悩みといった経済問題が顕在化していた（國府二〇一八）。さらに、二〇〇八年に起きたリーマンショックの余波を受けて、理工系の博士号、修士号取得者の就職難問題も表面化した。高学歴失業者の発生は、国家科学委員会や主要大学の幹部層が、理工系の人材によるハイテク・スタートアップの起業振興に関心を向けるきっかけとなった。

さらに、二〇一四年に起きた「ひまわり学生運動」の衝撃が、国民党政権に大きなインパクトを与え、「シリコンバレー・リンケージ強化策」の立案を含む若年層の起業支援政策へとつながっていった。「ひまわり学生運動」とは、中国との「両岸サービス貿易協定」の批准に反対する学生たちが、立法院（国会）の本会議場を二四日間にわたって占拠した事件である。学生らの行動に呼応して、幅広い年齢層の市民が大規模な座り込みやデモなどを行ない、学生たちへの連帯と「サービス貿易協定」への反対および急速な中台間の経済統合への反対の意思を表明した。この抗議運動は大きなうねりを引き起こして台湾の政治を揺さぶり、運動側は最終的に、国民党側からの譲歩を引き出すことに成功した。

この運動の背景には、国民党の政治手法に対する反発、馬英九政権のもとで進んだ中国との経済一体化への不満、といったさまざまな要因がある（川上・松本 二〇一九）。これに加えて政権側は、大学生らが中心となったこの運動の背後に、若年層を取り巻く経済環境の悪化と、将来に対する閉塞感の強まりをみてとった。二〇一四年秋、二〇一六年初頭に大型選挙を控え、馬英九政権は、若年層の雇用環境を含む経済問題への積極的な対応を目に見えるかたちで打ち出す必要に強く迫られた。

こうして二〇一四年以降、馬英九政権は、前述の行政院イノベーション・起業会合を設置し、各部・委員会は、競い合うように若者の起業支援策を打ち出した。二〇一六年の政権交代によって成立した民進党政権にとっても、若年層の雇用を取り巻く問題は最重要課題のひとつである。蔡英文は、同年五月の総統就任演説のなかで若年層の低賃金問題の解決、経済的苦境の脱出と経済構造の転換、イノベーションの推進を掲げた。政権発足後も、若い世代に焦点をあてた起業・イノベーション政策は重要な課題であり続けている。

### （4）中国がもたらすプレッシャー

以上のような動きに加えて、おおよそ二〇一五年ごろから、中国による台湾の起業家取り込み策の推進というプレッシャーが加わったことも、台湾がシリコンバレー型の起業・イノベーション政策に力を入れるきっかけとなった。中国では二〇一五年ごろから、「大衆創業、万衆創新（大衆の起業、万人のイノベーション）」のスローガンのもとで、起業とイノベーションを結びつけて振興する施策が活発に行なわれるようになった。また中国はかねてより、その国家目標である台湾統一に向けた戦略の一環として、台湾の企業や個人——とくに学生や若年層、専門職に就く個人——の取り込み策を推進しており、台湾企業の対中投資に対する優遇措置を講じたり、台湾人の中国での進学、就職を一定の条件下で支援・優遇したりしている（川上・松本 二〇一九）。二〇一〇年代半ばごろからは、その対象が、台湾のスタートアップ、起業家にまで広がり、台湾のピッチングや起業コンペで良好な成績をおさめたチームのもとには、中国の地方政府の担当者らが勧誘に訪れるようになっているという[16]。このような中国側の動きが引き起こすプレッシャーは、台湾政府の起業・イノベーション政策の推進力のひとつとなったものと考えられる。

## おわりに

二〇一〇年代半ば以降の東アジアでは、シリコンバレーを学習・連携の対象として起業とイノベーションの振興を図る政策が広く採られている。台湾、シンガポール、韓国、日本、中国などで政府のイニシアティブのもとに行なわれているイノベーション・エコシステム構築の試みをみると、国により程度の差や手法の違いはあるものの、シリコンバレーを学習対象にすると同時にことの人的なつながりを創出することで自国のエコシステムを活性化しようとするアプローチ、起業とイノベーションをセットで振興しようとするアプローチが共通してみてとれる。

本章ではこのような政策を「シリコンバレー志向型の起業・イノベーション政策」と名づけ、台湾の事例に即して、東アジアでこのような政策が広く推進されてきた背景と、その背後で働いた要因を考察した。

本章ではまず、台湾において、STB、FITI、LEAPといった起業家育成プログラムが連鎖的に導入され、シリコンバレーとのリンケージを持つ人材の育成に持続的に政策資源が投じられてきた過程を整理した。次いで、筆者が行なったインタビューにもとづいて、台湾では、①二〇一〇年ごろからはじまった在シリコンバレーの台湾人起業家コミュニティによる台湾政府への働きかけ、②二〇一四年の「ひまわり学生運動」を機に顕在化した若年層を取り巻く雇用問題・経済的困難の政治イシュー化、③中国による台湾の起業家誘致政策がもたらすプレッシャー、といった複数の要因が絡み合って、シリコンバレー志向型政策の推進力が形づくられてきたことを明らかにした。またこれらの政策の背後には、シリコンバレーの台湾人ハイテク移民コミュニティの危機意識、理工系大学院生の厳しい就職・起業環境をめぐる大学関係者や科学技術官僚らの問題意識、「ひまわり学生運動」を機に政治的にクローズアップされるようになった若年層の経済問題に対して目に見える施策を打ち出さねばならないという与党・

野党に共通する焦燥感、といった、台湾に固有の事情を背景とする複数のアクターの動機や思惑があった。

シリコンバレーでは、技術の新規性およびイノベーションの破壊性とスタートアップという企業形態のあいだの結びつきは自明視されてきた。これに対して、東アジアでは、台湾の事例に限らず、若年層の雇用環境の悪化への対応という政策意識から、既存企業への就職に代わる（ないしこれに加えたもうひとつの）選択肢としての起業に関心が集まり、政府が起業とイノベーションをセットで振興することが正当化されているという文脈があるように思われる。

だが、現段階でみるかぎり、少なくとも台湾では、スタートアップは若者世代の雇用の受け皿を広く生み出すまでにはいたっていない。東アジア各国が共通してめざす「起業を通じたイノベーション」という新たな経済成長モデルが、政策的なスローガンをこえて、若年層にとり現実的な「もうひとつの選択肢」となりうるかどうかを見極めるためには、まだ時間が必要である。

註　記

（1）　シリコンバレーの範囲は、企業集積の発展とともに拡大してきた。Silicon Valley Index（Joint Venture Silicon Valley and Silicon Valley Institute for Regional Studies 発行）は、一九九五年の発行開始以来、スタンフォード大学周辺からサンノゼ一帯を中核とするサンタクララ郡に近隣郡の一部を加えた地域を「シリコンバレー」としていたが、企業集積の拡大とともに、二〇〇九年からはサンフランシスコに近いサンマテオ郡全体を含めるようになった。さらに近年は、サンフランシスコに多数のハイテク・スタートアップが立地するようになっていることから、同インデックスも一部の指標についてサンフランシスコを加えるようになっている。

(2) シリコンバレーの発展過程、およびその構造や特徴については、Saxenian(1994)、Lécuyer(2006)、岸本(二〇一八)などを参照のこと。
(3) シリコンバレーを代表するアクセラレータであるYコンビネータのスタートアップ選抜、育成のプロセスについては、ストロス(二〇一三)が詳しい。
(4) たとえば、シンガポールのイノベーション政策はイスラエルを重要な参照対象にしているとみられる(JETROシンガポール事務所 二〇一八)。
(5) 台湾では早い時期から、シリコンバレーが産業政策のモデルとして強く意識されてきた。一九八〇年に国家科学委員会のイニシアティブで設立された新竹科学工業園区は、スタンフォード大学で電子工学の博士号を取得した何宜慈らが中心となり、スタンフォード・リサーチ・パークをモデルとして企画されたものである。
(6) 医療機器は、人体に与えうるリスクに応じてクラス一(健康・生命に影響を与えるおそれがほとんどないもの)からクラス四(健康・生命に重大な影響を及ぼす可能性があるもの)まで分類され、クラスごとに承認、製造販売規制が行なわれている。
(7) 研究者が基礎研究のなかから有望なものを選び出し、実際の医療に応用していくまでの一連の過程をいう。
(8) 二〇一七年八月、科学技術部へのインタビューおよび、二〇一七年一二月、国家実験研究院でのインタビュー。
(9) 台湾大学の電子工学の教授であった陳良基は、自身も起業の経験を持つ。陳は、台湾大学のクリエイティビティ・起業教育課程の主任を経て、二〇一二~一三年に国家実験研究院院長、二〇一三~一六年に台湾大学副学長を務め、二〇一七年二月より科学技術部の部長の職にあり、この間、台湾の起業・イノベーション政策を牽引してきた。
(10) 二〇一五~一八年度の間に、累計で七六のスタートアップがシリコンバレーでの活動を行なった(台灣創新創業中心〔TIEC〕ウェブサイト https://www.tiectw.com/en/about/、二〇一九年一月三一日閲覧)。
(11) 二〇一九年三月、TIECプログラムのシリコンバレー側担当者へのインタビュー。
(12) インタビューは、科学技術部、国家実験研究院の政策担当者のほか、科学技術部の元官僚、同部が実施するプログラムに参加した起業家ら、プログラムの実施過程に参与した工業技術研究院の関係者に対して行なった。さらに、同部のプログラムの実施状況に詳しい台湾経済研究院、中華経済研究院の研究者らに対してもインタビューを行なった。

(13) 一九九五～二〇〇五年の間にカリフォルニアで移民によって設立された技術系企業の創業者の出身国として、台湾はインド（二〇パーセント）に続く二位（一三パーセント）を占めた（Wadhwa et al. 2007; 2008）。在米台湾人の人口規模を考えれば、この時期の在シリコンバレー台湾人の起業活動がいかに活発なものであったかがわかる。

(14) この点については、Saxenian (2006)、Saxenian & Hsu (2001) を参照。

(15) Institute for International Studies の統計によれば、米国で学ぶ台湾人留学生の人数は、一九九五年の三万六〇〇〇人から二〇〇五年には二万六〇〇〇人へと減少し、その後も減少傾向にある。

(16) 二〇一八年九月の台湾大学関係者、アクセラレータ関係者へのインタビュー。

## 参考文献

〔日本語文献〕


インターネット白書編集委員会（各年版）『インターネット白書』インプレスR＆D。

川上桃子（二〇一九）「『恵台政策』のポリティカル・エコノミー」川上桃子・松本はる香編『中台関係のダイナミクスと台湾――馬英九政権期の展開』アジア経済研究所。

川上桃子・松本はる香（二〇一九）「中台関係のダイナミズムと台湾の政治経済変動」川上桃子・松本はる香編『中台関係のダイナミクスと台湾――馬英九政権期の展開』アジア経済研究所。

岸本千佳司（二〇一〇）「台湾における創業・新事業創出支援体制」（財）国際東アジア研究センター Working Paper Series、Vol. 2010-06。

岸本千佳司（二〇一八）「シリコンバレーのベンチャーエコシステムの発展――『システム』としての体系的理解を求めて」（財）国際東アジア研究センター Working Paper Series、Vol. 2018-03。

國府俊一郎（二〇一八）「台湾における高学歴化と不完全就業――宿泊業・飲食サービス業を中心に」『日本台湾学会報』

第二〇号：八二～一〇三頁。

佐藤幸人（二〇〇七）『台湾ハイテク産業の生成と発展』岩波書店。

ストロス、ランダル（二〇一三）『Ｙコンビネーター――シリコンバレー最強のスタートアップ養成スクール』滑川海彦・高橋信夫訳、日経ＢＰ社。

西澤昭夫（二〇一二）「ＮＴＢＦｓによるハイテク産業形成」西澤昭夫・忽那憲治・樋原伸彦・若林直樹・金井一頼著『ハイテク産業を創る地域エコシステム』有斐閣。

ＪＥＴＲＯシンガポール事務所（二〇一八）「二〇一七年度日本発知的財産活用――ビジネス化支援事業エコシステム調査～シンガポール編～　盛り上がる東南アジアの起業ハブ、シンガポール」、三月。

古谷真帆・渡部俊也（二〇一四）「バイドール制度の各国比較」東京大学知的資産経営研究講座 IAM Discussion Paper Series #036。

宮田由紀夫（二〇一一）『アメリカのイノベーション政策――科学技術への公共投資から知的財産化へ』昭和堂。

向山英彦（二〇一七）「広がり始めた韓国のスタートアップ支援」『環太平洋ビジネス情報 ＲＩＭ』一七巻六七号：四八～七一頁。

〔英語文献〕

Ferrary, M. and M. Granovetter（2009）"The Role of Venture Capital Firms in Silicon Valley's Complex Innovation Network," *Economy and Society* 38（2）: pp. 326-359.
Joint Venture Silicon Valley and Silicon Valley Institute for Regional Studies, Silicon Valley Index, various years（https://jointventure.org/publications/silicon-valley-index よりダウンロード可）.
Kenney, M. ed.（2000）*Understanding Silicon Valley: the Anatomy of an Entrepreneurial Region*, Stanford: Stanford University Press.
Lécuyer, C.（2006）*Making Silicon Valley: Innovation and the Growth of High Tech, 1930-1970*, Cambridge and London: The MIT

Press.
Saxenian, A.（1994）*Regional Advantage: Culture and Competition in Silicon Valley and Route 128*, Cambridge, Mass.: Harvard University Press.
Saxenian, A.（2006）*The New Argonauts: Regional Advantage in a Global Economy*, Cambridge, Mass.: Harvard University Press.
Saxenian, A. and J.-Y. Hsu（2001）"The Silicon Valley- Hsinchu Connection: Technical Communities and Industrial Upgrading," *Industrial and Corporate Change* 10（4）: pp.893-920.
Wadhwa, V., A. Saxenian, B. Rissing and G. Gereffi（2007）"America's New Immigrant Entrepreneurs," Master of Engineering Management Program, School of Enginnering, Duke Univeristy.

〔中国語文献〕
陳炳輝（二〇一六）「創新創業、創新產學鏈結」『臺灣經濟論衡』第一四卷第四期冬季號：一六〜三一頁。
川上桃子（二〇一六）「臺灣成功鏈接美國醫材聚落的催化劑」（王綉雯訳）『臺灣經濟研究月刊』三九（四）：九四〜九九頁。
賴寧寧（二〇一七）「他幫台灣醫材沙漠　孵出20家新創公司」『商業周刊』五六三期一〇月：一六〇〜一六二頁。

【付記】
本章は、アジア経済研究所が二〇一七〜一八年度に実施した「アジアの起業とイノベーション」研究会および科学研究費基盤研究(C)「東アジアにおけるイノベーション・モデルのアメリカ化：医療機器産業の事例研究」（研究課題番号17K03753）の成果の一部である。

## 【コラム③】シリコンバレーとアジアをつなぐ移民起業家たち

半世紀以上にわたり、技術パラダイムを変えるイノベーションを生み出しつづけ、無数のスタートアップを輩出してきた米国シリコンバレー。その地域優位性の源泉としては、多数のアクターから成る高度に発達したエコシステムの機能や、挑戦を尊び失敗を許容する独自の文化があげられることが多い。しかし、シリコンバレーにはもうひとつ、他の地域の追随を許さない歴史的な強みがある。ハイテク移民を介したアジアとの深い結びつきだ。

シリコンバレーの起業家、エンジニアに占めるアジア人の比率は高い。彼（女）らの多くは、留学生として渡米し、ハイテク企業でキャリアを積み、大企業のなかで「ガラスの天井」にぶつかったり、仲間が創業したことに刺激を受けたりしたことを機に、創業の道を選んだ人びとだ。

これらの移民起業家の多くは、長年にわたって母国との経済的なつながりを維持してきた。母国での人脈を活かして、自社の製品や技術の売り込みをしたり、R＆D（研究開発）の拠点をおいたりするのはその一例だ。また、台湾や韓国、さらに中国でエレクトロニクス産業が急発展を開始し、インドでもソフトウェア産業が立ち上がると、母国に帰国して創業する人びとが増えた。彼らは、米国との技術面、ビジネス面での橋渡し役となり、母国のハイテク産業に多大な貢献をしてきた。シリコンバレーで生まれる新たな技術やビジネスモデルは、米国とアジアの母国を行き来するアジア人起業家たちを通じて、アジアの広大な市場と、その量産能力・技術力と結びつけられてきたのだ。

最近では、母国でスタートアップを立ち上げたアジア人起業家たちがシリコンバレーのアクセラレータに参加したり、アクセラレータがアジアに進出したりする事例も増え、「留学生から起業家へ」という伝統的なルートのほかに、新たな結びつきのチャネルも生まれている。米中ハイテク対立によって不透明感も生じているが、シリコンバレーの活力は、アジアとの深い結びつきに強く依存しているのである。（川上　桃子）

# 第3章　ベンチャーキャピタル
## 中国の事例

丁　可

## はじめに

イノベーション・エコシステムにおけるVC（ベンチャーキャピタル）の重要性は、近年、広く認識されるようになった。シリコンバレーに関する研究では、VCは、シリコンバレーと他地域におけるイノベーションのパフォーマンスの差異を決定づける最大の要因として指摘されている（Ferrary & Granovetter 2009）。また、知的資産（intangible economy）を中心に展開するいわゆる「資本なき資本主義」社会に関する研究でも、この新時代にふさわしい資金調達の手段として、VCの役割が大きく注目されている（Haskel & Westlake 2018）。

本章の目的は、中国における近年の起業とイノベーションのブームにおいて、VCが果たした役割を明らかにすることである。中国の経済成長は、長いあいだ銀行セクターを中心とする間接金融によって牽引されてきた。しかし、二〇〇〇年代以降、各種のVCが設立されるようになり、直接金融の果たす役割がますます大きくなった。このことは、今日のインターネット産業など、ハイテクセクターの発展に強く寄与している。

なお、本章では中国ＶＣ業を対象にしたインタビュー調査や資料の分類にしたがい、用語については以下のとおり定義して使用する。ＶＣは企業成長の比較的早い時期を中心に投資するファンド、ＰＥ（プライベート・エクイティ）は比較的遅い時期への投資やＭ＆Ａ（合併・買収）を行なうファンドである。ただし、中国ではＶＣとＰＥを合わせたデータが用いられることが多いほか、ＰＥもリスクの高い創業初期への投資を行なうことも多い。そのため、本章のＶＣはＰＥも含めた広義の概念とするが、ＰＥを含めない場合にはＶＣ（狭義）やＶＣ／ＰＥのように明記する。

以下、本章では、まず各種統計資料を用いながら、中国におけるＶＣの概要を整理する（第一節）。つぎに、起業家育成の視点からＶＣの役割を考察し（第二節）、続いて、中国におけるビジネスモデルイノベーションの迅速な普及とＶＣの関係を論じる（第三節）。そして最後に、中国におけるＶＣの特徴を整理しつつ、今後の課題について触れてみたい。

## 一　中国におけるベンチャーキャピタルの概要

### （1）全体状況

ここでは、まず中国におけるＶＣの概要を紹介しておきたい。中国におけるＶＣの発展には凄まじい

表３－１　アジア諸国におけるVC/PEの資金募集総額，2006〜2016年

（単位：億ドル）

| 国・地域 | 資金募集額 | 国・地域 | 資金募集額 |
|---|---|---|---|
| 中国／香港 | 5,320 | シンガポール | 430 |
| 韓国 | 810 | オーストラリア | 380 |
| インド | 750 | その他 | 270 |
| 日本 | 660 | | |

出所：普華永道（2017）「中国私募股権及風険投資基金2016年回顧与2017年展望」（https://www.pwccn.com，2018年２月20日閲覧）。

表３－２　VC/PEによる資金募集額と投資額の推移（世界 vs. 中国，2012〜2016年）

| 年度 | 世界の資金募集総額（億ドル） | 中国のシェア（％） | 世界の投資総額（億ドル） | 中国のシェア（％） |
|---|---|---|---|---|
| 2012 | 2,230 | 19 | 2,790 | 13 |
| 2013 | 3,080 | 10 | 3,140 | 11 |
| 2014 | 3,400 | 15 | 3,640 | 19 |
| 2015 | 3,470 | 14 | 4,230 | 43 |
| 2016 | 3,360 | 22 | 3,060 | 73 |

出所：表３－１に同じ。

ものがある。表３－１のとおり、直近一〇年間のＶＣ／ＰＥの資金募集総額では、中国（香港を含む）は、アジア諸国を大きく上回るかたちで首位の座を占めている。直近五年間のデータをみると、中国のＶＣ／ＰＥ資金募集額は、絶対値と相対的シェアのいずれも上昇傾向にある（表３－２）。世界の投資総額に占める中国のシェアが二〇一四年以降、爆発的に伸びていることは、とりわけ注目に値する。資金募集額の数字と結びつけて検討するなら、世界市場で調達した資金の大半は中国市場に流れ込み、中国の企業に向けて投資している、という大きな構図がみてとれる。

リスクの高い創業初期の投資を中心に展開するＶＣ（狭義）に焦点をあてると、中国におけるＶＣ（狭義）の投資案件数も投資額も近年、急速に伸びている（表３－３）。前掲のＶＣ／ＰＥ総額と比較すると、ＶＣ（狭義）の占める

表３－３　中国におけるVC（狭義）の投資状況

| 年 | 投資案件数 | 投資額（億ドル） |
|---|---|---|
| 2012 | 473 | 9 |
| 2013 | 738 | 8 |
| 2014 | 1,334 | 13 |
| 2015 | 2,735 | 42 |
| 2016 | 3,492 | 59 |

出所：表３－１に同じ。

表３－４　中国におけるVC（狭義）の投資先

| 業　種 | 投資額（億ドル） | 世界順位 |
|---|---|---|
| フィンテック | 71.6 | 1 |
| VR | 13.1 | 2 |
| AIと機械学習 | 9.0 | 3 |
| 自動運転 | 3.6 | 2 |
| ロボティックスとドローン | 2.3 | 1 |

出所：麦肯錫（2017）『中国数字経済如何引領全球新趨勢』（http://www.mckinsey.com.cn/, 2018年２月20日閲覧）にもとづき筆者作成。

割合はまだ低いものの、創業初期の企業規模がそもそも小さいことを考えると、このような進歩には目を見張るものがある。

では、ＶＣ（狭義）は主にどのような分野に投資しているのだろうか。表３－４が示すように、近年、世界で最も注目されるフィンテック、ＶＲ（バーチャルリアリティ）、ＡＩ（人工知能）と機械学習、自動運転、ロボティックスおよびドローンといった業種に投資が集中している。なかでも、フィンテック、ロボティックスおよびドローンという二つの分野への投資額は、米国もしのいで世界で首位となっている。ＰｗＣ（普華永道）の資料とデータソースが異なるため、数字のずれがみられるが、中国がリスクの高いハイテクスタートアップの成長初期に、ますます多くの資金をつぎ込んでいることは紛れもない事実である[1]。

## （２）ローカルファンドの台頭

中国のＶＣは本来、米国から進出したドルファンドを中心に展開していた。しかし、近年ではローカルの人民元ファンドがしだいに台頭してきた。表３－５のとおり、二〇一五年まで、非人民元ファンドの資金規模は人民元ファンドを上回っていたが、二〇一六年に状況は逆転した。

資金規模だけでなく、総合力の面でも人民元ファンドは非人民元ファンドをしのぐようになった。清科グループ（Zero2IPO Group）は毎年、中国のＶＣ／ＰＥそれぞれの上位一〇社のランキングを発表している。このランキングでは資金規模のみならず、投資の実績なども総合的に評価している。清科グループのランキングの変遷をみると、ＶＣ（狭義）の二〇〇六年ランキングでは、上位一〇社にローカル企業はわずか二社しかなかった。しかし、二〇一六年になると、上位一〇社にランクインしたローカルＶＣ（狭義）は八社にも達している。ＰＥも同様である。二〇〇八年の上位一〇社のうち、ローカルファンドは四社にとどまっていたが、二〇一六年になると、一〇社のうち九社はローカルファンドとなっている（表３－６）。

表３－５　VC/PEファンドの資金規模の推移にみる人民元ファンドの台頭

（単位：億ドル）

| 年 | 人民元ファンドの資金規模 | 非人民元ファンドの資金規模 |
|---|---|---|
| 2012 | 204 | 211 |
| 2013 | 130 | 194 |
| 2014 | 212 | 292 |
| 2015 | 198 | 292 |
| 2016 | 548.9 | 176.2 |

出所：表３－１に同じ。

ローカルファンドの台頭を象徴する事例は携帯電話部品産業である。携帯電話のバリューチェーンの川上から川下の大多数の分野において、中国はある程度の国産化を実現している（潘 二〇一六）。これら国産部品メーカーは基本的に、一九九〇年代後半以降、ＶＣを受け入れながら成長してきたものである。創業初期の情報が入手できる携帯電話部品企業三〇社の情報を時系列に整理したところ、二〇〇六年までの一六案件のうち、一〇件は外資系ファンドによる投資であった。しかし、二〇〇七年以降の一四案件のうち、ローカルファンドによる投資は一〇件も占めていた(2)。

表3－6　VC/PE上位10社の変遷にみる中国系ファンドの台頭

| | VCファンド | | PEファンド | |
|---|---|---|---|---|
| | 2006 | 2016 | 2008 | 2016 |
| 1 | IDG | IDG | 弘毅投資 | 鼎暉投資 |
| 2 | Softbank Asia | Sequoia | 鼎暉投資 | 平安資本 |
| 3 | Sequoia | 深圳創新投 | The Carlyle Group | 昆吾九鼎 |
| 4 | 聯想投資 | 江蘇毅達 | Goldman Sachs | 中国光大 |
| 5 | GGV | 徳同資本 | Morgan Stanley | テンセント投資 |
| 6 | Softbank China | 達晨創投 | 新天域資本 | 建銀国際 |
| 7 | Walden International | 東方富海 | 中信資本 | 硅谷天堂資産管理集団股份有限公司 |
| 8 | JAFCO Asia | 基石資産管理 | Warburg Pincus | 復星資本 |
| 9 | Intel China | 蘇州元禾 | Actis Capital | 弘毅投資 |
| 10 | 鼎暉創投 | 君聯資本 | Hopu Fund | Hillhouse Capital |

註：英語表記の会社名は非人民元ファンドを指す。
出所：清科中国エクイティ投資（股権投資）年間ランキング2006, 2008, 2016年版をもとに筆者作成。

ローカルファンドが台頭する背景としては、三つの要因が指摘できる。まず、米国を中心に、先進国から華人投資家集団が二〇〇〇年代に入ってから大挙して帰国していたことである。こうした人びとは、当初外資系ファンドに所属していたが、中国の高度成長とともに、これらのファンドから徐々に人材が独立して、ローカルファンドの創設にかかわるようになった。一方で、中国系ファンドも外資との提携を通じて、ファンド運営の経験を学習し、しだいに能力を高めていった[3]。

つぎに、中国では二〇〇九年に、スタートアップの株式上場を専門に担当する、いわゆる「創業板市場」（中国版NASDAQ）が深圳で創設されたことである。ローカルファンドは自国の「創業板」で投資先を上場してもらうことによって、きわめて便利なエグジット（投資の回収）のチャネルを入手し、一気に成長を遂げた。たとえば、表3－6のVC（狭義）ランキングでローカルファンドの首位に立つ深圳創新投の投資先は、二〇一〇年の一年に「創業板」を中心に二六件ものIPO（新規

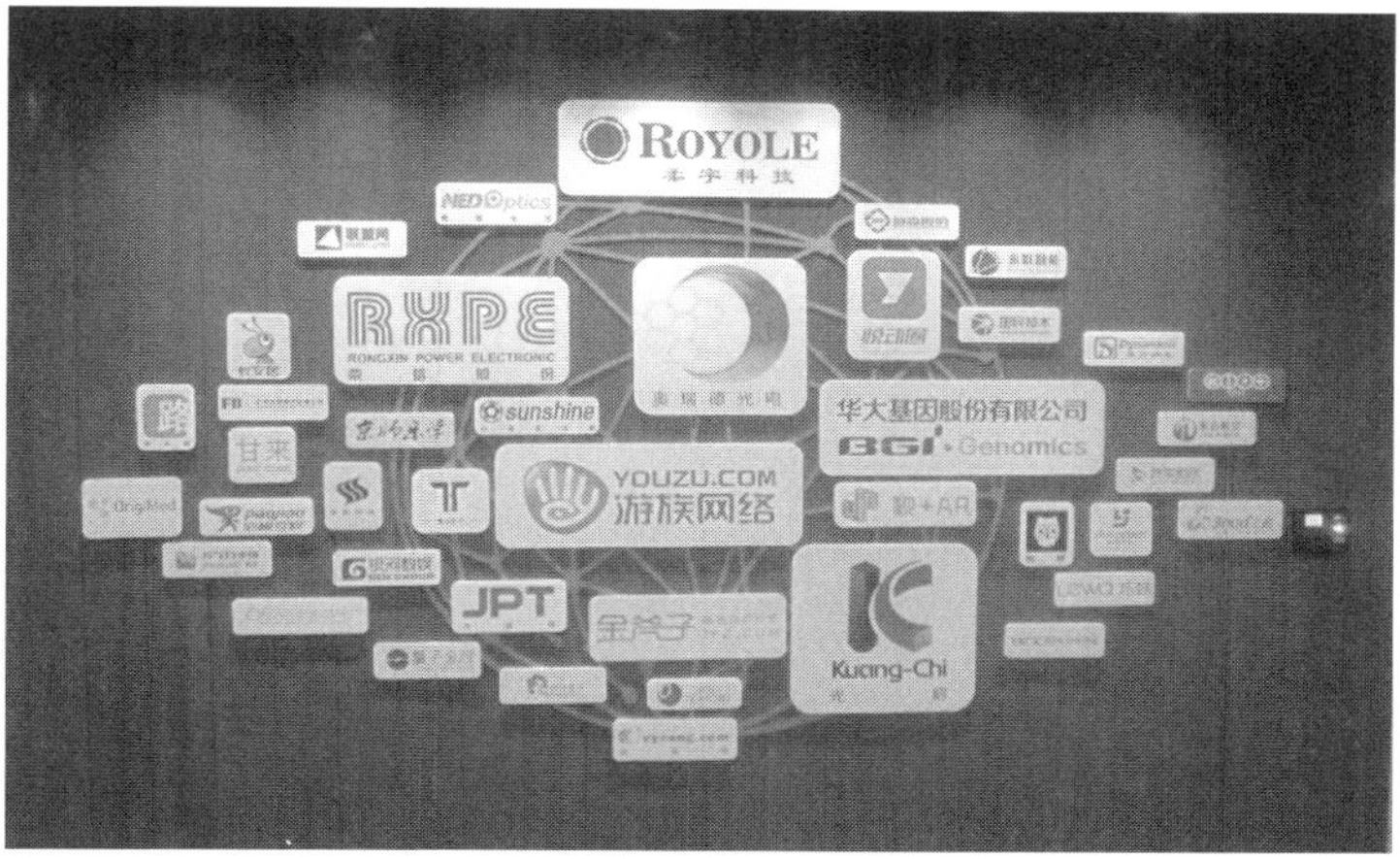

深圳のVCが投資するスタートアップ（木村公一朗撮影）

株式公開）を達成し、世界記録を刻んだほどだ（投資界網站 二〇一七）。

第三に、二〇一六年における人民元ファンドの急成長は、二〇一五年から中国政府が打ち出した「大衆創業、万衆創新（大衆の起業、万人のイノベーション）」の政策と大きく関連している。同年三月に開催された全国人民代表大会で、李克強首相は「政府工作報告」において、「大衆創業、万衆創新」政策を中国経済の継続的な発展をけん引する「ダブルエンジン」として位置づけた。その後、「大衆の起業、万人のイノベーションを強力に推進する若干の政策措置に関する国務院の意見」が発表された。同意見のなかでは、「ベンチャー投資の拡大、起業と成長への支援」とする項目があり、VCの推進に関する詳細な規定が盛り込まれた。なかには、国有企業や外資によるベンチャーファンド創設への参加を奨励する項目があったが、とくに注目に値するのは、各級の政府による「政府引導資金」の創設に関する内容であった。

この政策の実施を受けて、各地で政府引導基金の創設が一気に加速した（コラム④参照）。政府引導基金の仕組みはつぎのとおりである。まず、各級政府が政府引導基金と称する親ファンド（母基金）を創設する。親ファンドは有限責任のＬＰ（リミテッド・パートナー）として、無限責任のＧＰ（ゼネラル・パートナー）が管理する各種の専門ファンドに出資するが、同時に国有企業、民間企業などからも出資を募る。政府の出資によって、専門ファンドは、通常は四～五倍程度、高い場合は一〇倍以上の資金を最終的に募集することが可能である。二〇一六年に中国のＰＥへＬＰとして出資する上位二〇社のうち、一六社は政府引導基金であった[4]。

政府引導基金の利用には、創業初期への投資、戦略的新興産業への投資、地元企業への投資を優先させるなど、さまざまな前提条件が課されている。たとえば、深圳市の場合、政府から出資を受けた専門ファンドの七割以上の資金は創業初期に投資すること、そして、政府の出資額の二倍に相当する資金は深圳の地元企業に投資することが求められている（丁 二〇一八）。

創業初期や地元企業を優先して投資する仕組みは、深圳や北京のような起業が活発でイノベーションのリソースが多い地域において非常に効率的に機能する。しかし、ビジネスチャンスが限られている後進地域でも同様の仕組みが導入されると、投資のリスクが一気に高まってしまう危険性も拭えない。

### （3）ＢＡＴＪの役割

ローカルのＶＣに関して、近年、とくに注目に値するのは中国のトップレベルのインターネット企業、つまりバイドゥ（百度）やアリババ（阿里巴巴）、テンセント（騰訊）、ＪＤ（京東）という、いわゆるＢＡＴやＢＡＴＪの存在である。これらの会社は株式上場を通じて巨額の資金を調達していた。そこで、いずれも独自の投資ファンドを創設し、スタートアップ企業を対象に積極的な投資を行なっている。(5) ユニコーンの調査で名高いCB Insightsの統計によると、二〇一七年五月時点で中国のユニコーンのうち、四六パーセントはＢＡＴＪから投資を受けている。一方で、アジア全体のユニコーンのうち、四一パーセントは上記四社から出資を受けている。(6)

Mergermarket社は、四社のうちのＢＡＴの投資状況を示す詳細なデータを発表した。表3－7のとおり、とくにアリババとテンセントの投資規模は数百億ドルという驚異的な水準に達している。この三社の投資はＯ２Ｏ（Online to Offline）、ＥＣ（電子商取引）、ＡＩ、ソーシャルメディア、ゲームなど、インターネット関連の各業種に及んでいるが、とくにＯ２Ｏビジネスには、三社とも多くの企業に出資している。後述するように、ＶＣから調達した資金をもとに、消費者に巨額の補助金を支給し、新しいビジネスモデルを普及させることは、Ｏ２Ｏ業界の一般的なやり方である。そこでＢＡＴの介入は、このＯ２Ｏビジネスの展開に決定的な役割を果たしたのである。

表3－7　BATによる中国のスタートアップへのM&A状況

（企業価値ベース，億ドル）

| | 2016 | 2017（5月25日まで） | 2012～2017 |
|---|---|---|---|
| バイドゥ | 16 | 11 | 80 |
| アリババ | 135 | 40 | 419 |
| テンセント | 213 | 67 | 625 |

註：M&A金額が500万ドル以上の案件のみが統計の対象。
出所：http://www.mergermarket.com/pdf/Mergermarket_BAT_infographic.pdf，2018年1月10日アクセス。

## 二　ベンチャーキャピタルとスタートアップの成長

### (1) 起業家精神の喚起

中国は近年、起業ブームに沸いている。表3－8のとおり、二〇一四年以降、年間の新規登録企業数は数百万社単位で増加している。国民の起業意欲に関する国際調査でも、中国では「起業意欲がある」と回答した国民の比率は八五パーセントにのぼっており、韓国（六二パーセント）、米国（五七パーセント）、英国（四四パーセント）、日本（二九パーセント）をしのいで首位に立つ、との結果が報告されている[7]。このような旺盛な起業ブームは、VCによる活発な投資と密接に関係している。

VCはスタートアップの創業者に対して、雇用された従業員には決して得られないような強いインセンティブを与えている。VCからの投資を受けたスタートアップは、成長する過程でその企業価値に応じて巨額資金を複数回にわたって調達する。そして、事業が成功すれば株式上場を果たすか、大企業に買収してもらう。いずれの場合も、短期間に巨額の利益を入手することが可能である。中国の代表的なインターネット企業の企業価値と創業年数、創業者の持ち株比率の数字から、この点を如実にみてとることができる（表3－9）。中国の若者は、これらのサクセスストーリーに鼓舞されながら、つぎからつぎへと創業に乗り出していくのである。

## （2）起業家の選出、育成、淘汰

ＶＣは、起業家たる資質をもつ人びとを選出し、育成していく機能ももっている（Ferrary & Granovetter 2009）。グオとジャンは、ＶＣによる選別効果（Screening effect）を指摘している。二人が一九九八年から二〇〇七年までのデータをもとに行なった分析によると、中国では、より高い利益率、労働生産性、売上の増加をみせており、Ｒ＆Ｄへの投資がより積極的な企業のほうがＶＣから選出される傾向がより強い、という結果が示されている（Guo & Jiang 2013）。

表3－8　中国における起業の状況

| 年度 | 新規登録企業数 | 前年比（%） | 新規登録資本（兆元） |
|---|---|---|---|
| 2014 | 365.1 | 45.9 | 19.1 |
| 2015 | 444.0 | 21.6 | 29.0 |
| 2016 | 552.8 | 24.5 | – |

出所：各種インターネット情報をもとに筆者整理。

選別効果を裏づける深圳のトップＶＣの事例を紹介しよう[8]。Ａ社は、将来性のあるスタートアップを発掘するために、起業コンテストやロードショーなど各種イベントを頻繁に開催することによって、スタートアップに広範に接触する。二〇一七年初めまでの一年半のあいだに、同社のメイカースペースは五〇〇〇点ものビジネスプランを受け取ったが、実際に投資を決定したのはわずか五〇件である。Ａ社は、スタートアップ選別の基準として、まず業界の将来性を判断し、とくに出口戦略としてＩＰＯの可能性の有無を見極める。つぎに、企業の技術力が中国でトップ三、世界でトップ五に入るかどうかも、重要な基準となっている。しかし、もっとも重要視しているのは、創業チームの起業家精神である。それは、「一流のサイエンティストよりも、一流の起業家を優先して投資したい」と宣言していることからも、よくわかる。

ＶＣは、出資したスタートアップを育成するうえでも、一定の役割を果たし

表3－9　中国の代表的なインターネット企業の概要

| 会社名 | 業　種 | 創業年 | 企業価値（億ドル） | 創業者の持ち株比率（%） |
|---|---|---|---|---|
| バイドゥ | 中国語検索エンジン | 2000 | 782 | 15.7 |
| アリババ | EC | 1999 | 4,150 | 7.0 |
| テンセント | SNS | 1998 | 3,940 | 8.7 |
| 頭条 | ニュース配信 | 2012 | 110 | 19.3 |
| 美団－点評 | 共同購買サイト | 2010 | 300 | 2.5 |
| 滴滴出行 | 配車アプリ | 2012 | 560 | － |

註：企業価値についてバイドゥは2017年8月25日，AlibabaとTencentは9月1日時点の数字，その他のデータは2017年末時点の数字。
出所：CB Insightsおよび各種インターネット情報から筆者作成。

ている。グオとジャンによると、ＶＣからの投資を受け入れた後、企業のＲＯＳ（売上高経常利益率）やＲＯＥ（自己資本利益率）、労働生産性といった指標は、そうでない企業よりも高い水準にある。ただ、売上とＲ＆Ｄへの投資額の増加は、投資を受けた後、とくに大きな拡大効果は確認できなかったと指摘される（Guo & Jiang 2013）。

同じくＡ社の事例でこの点を確認しよう。Ａ社は、独自の若手リーダー養成計画の一環として、メイカースペースに入居した起業家に対し、ファーウェイ（華為技術）やＤＪＩ（大疆創新）など、深圳市のリーディングカンパニーの管理職と交流する機会を提供する。そして、起業家たちのＭＢＡコースへの進学も支援するほか、技術移転研究院を創設し、スタートアップと大学や研究機関の産学連携を推進する。さらには、業界の有力企業との取引も斡旋する。

ＶＣはさらに、業績の悪いスタートアップを常時、淘汰する機能も有している。チエンとシュウが指摘しているように、大企業で行なわれるイノベーション活動は、国有企業のそれと同様に、往往にしてソフトな予算制約の問題に遭遇してしまう（Qian & Xu 1998）。大企業においては、将来性のない研究プロジェクトを停止したり、関連する部署を閉鎖することは難しい。しかし、スタートアップの場合は、

VCから受け入れた投資資金を中心に展開しているため、非常にハードな予算制約に直面している。革新的な成果があげられない企業は、次のステップの投資が受けられず、市場から淘汰されてしまう。その結果、イノベーティブな企業のみが市場競争で生き残ることになる。最近の深圳において、他社製品をもっぱら模倣するいわゆる「山寨企業」がほとんど姿を消したことは、この点を如実に反映しているといえよう。

最後に、VCによるスタートアップの選別や育成、淘汰機能は、今後、とくに一部の上位VCに集約される可能性があることを指摘しておきたい(9)。その理由は二つあげられる(Haskel & Westlake 2018)。

まず、創業初期の投資はリスクが高いため、一流のベンチャーキャピタリストには、起業家の資質を見抜くことが求められている。したがって、彼らは投資先とのあいだで深い信頼関係を築く必要がある。この信頼関係は、VCを支える人的ネットワークとしてだけでなく、情報ネットワークとしても機能し続ける。そこで上位VCは、その投資先の多さと実績の高さゆえに、常に情報ネットワークのハブに位置することになる。

つぎに、上位VCは通常、より多様な分野において幅広い投資を行なっている。したがって、その投資先は常に強力なオープンイノベーションのネットワークにおかれており、シナジー効果を享受する可能性が高い(Ferrary & Granovetter 2009)。たとえばVCのA社では、最近「AI賦能(人工知能による能力賦与)」がキーワードになっている。というのも、同社は二〇一七年に中国きってのAI企業であるセンスタイム(商湯科技)に投資したからである。このことによって、ロボットやスマートシティ、自動運転の会社など、A社の多数の投資先は、センスタイムと人工知能に関して緊密に連携できるようになった。

## 三　ベンチャーキャピタルとビジネスモデルのイノベーション

ＶＣは、大量の資本を短期間に注ぎこむことによって、スタートアップによるイノベーション活動の成功の確率を高め、その成長を加速させることが可能である。この点は、中国におけるビジネスモデルのイノベーションに関してとくに顕著である。

米国のボストン・コンサルティング・グループを中心とする研究チームがクランチベース（Crunchbase）のデータをもとに行なったユニコーン分析によると、一九九七年から二〇一五年までの間に、中国のユニコーン六三社のうち、四六パーセントは二年以内に企業価値を一〇億ドル以上に伸ばした。この事実と密接に関連しているのは、中国の六三社のうち、ビジネスモデルを中心に展開する会社（「応用駆動型」）は九〇パーセントにものぼっているが、技術開発を中心に展開する会社（「技術駆動型」）はわずか一〇パーセントにとどまっている、という事実である（波士頓咨詢公司ほか 二〇一七）。

以下、タクシーの配車アプリを提供する滴滴出行（DiDi Chuxing）の事例を中心に、ＶＣが中国においていかにしてビジネスモデルのイノベーションを加速させたのかを説明しておきたい[10]。

中国の消費者には、従来、配車アプリを使用する習慣がなかった。当時の配車アプリ市場の主たる競合会社である滴滴打車（DiDi Dache。滴滴出行の前身）と快的打車（Kuaidi Dache）は自社のアプリを普及するために、二〇一四年一月から補助金合戦を展開していた。わずか半年のあいだに、滴滴打車は一四億元（約二八〇億円、当時）、快的打車は一〇億元（二〇〇億円）の補助金を支給した。具体的には、一回の乗車につき、乗客に一〇元、運転手に五元の補助金を与える。キャンペーン期間中、乗客は毎日、最初の三回分、運転手は最初の一〇回分までもらえる。その結果、同年六月三〇日になると、滴滴打車は全国シェアの四五・六パーセントを占めるようになり、全国一七八の都市をカバーした。また、快的打車は五三・六パーセントのシェアを獲得し、三〇六都市をカバーした。こうして、中国で配車アプリを使っての乗車習慣が一気に普及したのである。

このことを可能にしたのは、ＶＣからの巨額資金の調達であった。滴滴打車は二〇一二年七月の創業から二〇一五年一月までの二年半のあいだに、五ラウンドにわたる資金調達を通じて、合計八億ドル以上にのぼる大金を入手した。一方で、快的打車は二〇一二年一二月から約二年のあいだに七億ドル以上にのぼる資金を調達した。とくにこの二社が、二〇一四年にはそれぞれ一億ドル以上の資金を調達しており、補助金合戦の遂行に決定的な役割を果たしていた。

ＶＣが起業してわずか一～二年のスタートアップに、これだけの大金をつぎ込む理由は二つある。まず、ビッグデータから生まれる将来の収入への高い期待がある。配車アプリは、運転手や乗客から一定のマージンを受け取る以外に、直接的な収入源はそれほど多くない。ただ、乗客と運転手をマッチングさせることによって、消費者に関連するビッグデータは数億人単位、運転手に関連するビッグデータは数千万人単位で獲得できる。これらのビッグデータを活用することによって、広告や金融サービス、タクシーの修理、ひいてはオンラインゲームなど、さまざまな派生的なビジネスが展開でき、大きな収入が期待できるようになるのだ。

なお、本書の第7章で取り上げる自転車シェアリングの事例が示唆するように、ビジネスモデル次第では、期待するほどビッグデータが発生せず、一方で巨額の固定費を負担しなければならない失敗事例も出現している。しかし、VCの役目は、常に大きなリスクを背負いながら将来性のある技術やビジネスモデルに投資することである。この点を考えると、たとえシェアバイクの事例でも、投資した時点でVCの判断が非合理だったと非難することはできない。

第二に、配車アプリのようなO2O業界において、VCは最終的に、吸収合併を通じて、独占的な地位に近い巨頭を一社育てあげることが一般的である。たとえば、二〇一五年二月一四日に滴滴打車と快的打車の二社は、突如として合併を発表した。合併後の滴滴出行は、中国市場に参戦したウーバー(Uber)・チャイナとのあいだで快的打車の場合と同様の補助金合戦を繰り広げていたが、最終的にはやはり合併（二〇一六年一〇月）というかたちで結末を迎えた。こうして、VCにとって初期では少数の競合企業に巨額の資金をつぎ込んだとしても、将来的には吸収合併を通じて、投資のリスクを軽減する保証が十分にあったのである。

ところで、配車アプリ業界における投資とその後の合併を主導したのは、第二節で取り上げたBATである。滴滴打車への出資を主導したのはテンセントであった。一方で、快的打車への出資は、アリババによって主導された。さらに、ウーバー・チャイナはバイドゥから出資を受けていた。アリババとテンセントの合意のもと、滴滴打車と快的打車の合併が推進されたが、その結果、当時の中国市場における滴滴出行のシェアは九〇パーセントにまで一気に高まった。なお、アリババ、テンセントとバイドゥ

表3－10　代表的なO2O企業の補助金支給状況

| 企業名 | 業　務 | 助金の支給方式 |
|---|---|---|
| 天天果園 | 果物EC | 宅配に対して果物保険を提供。1回の注文につき最大で1,000元の補償。 |
| e袋洗 | O2O洗濯サービス | 2000万ドルのシリーズA投資の半分を補助金に使用。1回の利用につき10元を支給。 |
| 河狸家 | O2O美容専門 | 1億元の補助金を提供。1回の利用につき最大で50元。 |

出所：新浪網（http://tech.sina.com.cn/zl/post/detail/i/2017-01-25/pid_8509723.htm，2018年1月14日閲覧）をもとに筆者作成。

が滴滴出行とウーバー・チャイナの合併について合意した結果、滴滴出行のシェアはさらに九五パーセントへと高まった。

こうした配車アプリの事例に象徴されるように、ＶＣから調達した資金を活用しながらユーザーに補助金を支給し、自社のビジネスモデルを急速に普及するやり方は、中国のＯ２Ｏ業界では一般的である。表３－10では、さらに三社の事例を整理してみた。

ところで、ＶＣが新しいビジネスモデルを急速に普及させえた背景には、さらに二つの前提条件を指摘しなければならない。ひとつは、中国という巨大市場の存在である。配車アプリに象徴される中国のＯ２Ｏビジネスは、典型的なプラットフォームビジネスである。滴滴出行に関していうと、そのプラットフォームを利用する乗客が多ければ多いほど、より多くの運転手が滴滴出行を利用するようになり、さらに多くの乗客を惹きつけてくる、という「ネットワーク効果」が働いている。そこで、中国のような膨大な人口を抱える国では、プラットフォームの利用者が圧倒的に多いため、プラットフォームから生じるネットワーク効果が必然的に強く働くことになる。

いまひとつの前提条件は、中国におけるサービスセクターの発展が不十分な点である。消費者にとって、これまでタクシーの利用がさほど容易ではなかったから、配車アプリに利便性を感じたわけだ。一方で、既存のタクシー業界がまだ大きな抵抗勢力に成長できていなかったがゆえに、配車アプリの導入は強く妨げられることなく、比較的順調に進んだのである。

## おわりに

本章では、中国におけるVCの概要を整理し、その起業とイノベーションにおける役割を明らかにしてきた。ここでは、中国におけるVCの特徴を整理しながら、本章を締めくくりたい。

第一に、中国においてVCはかつてない速いスピードで急成長を遂げている。とくにVC／PEの合計投資額では米国をしのいで世界第一位に躍り出ている。また、リスクの高い創業初期の投資も近年増え続けている。中国におけるVCの成長の背景には、ローカルファンドの台頭があげられる。華人投資家集団の存在、「創業板市場」の創設、そして近年における政府引導基金という仕組みの導入は、ローカルファンドの台頭の重要な要因として働いていた。一方で、BATJといった大手インターネット企業もスタートアップ投資の主役になりつつある。中国およびアジアのユニコーンの半分近くはBATJからの出資を受けている。

第二に、VCの存在は、国民の起業家精神の喚起と起業家を育成するうえで、きわめて重要役割を果たしている。VCからの投資を受け入れることによって、成功するスタートアップの企業価値はどの国よりも短い期間に数十億ドルという巨額の規模へ高まる。このことは、創業者に強いインセンティブを与えた。ＶＣはさらに、スタートアップの選別、育成、そして淘汰の面でも重要な役割を果たしており、起業家精神を持つ優秀な経営者のみを大きく育てあげていた。

第三に、中国のＶＣは、とくにビジネスモデルのイノベーションを推進するうえで果たした役割が大きい。ＶＣは、一方では巨額の資金を提供することによって、消費者慣行の養成に必要な補助金の支給を可能にしていた。他方で、ＶＣ、とくにＢＡＴＪなどの巨大インターネット企業は競合企業の吸収合併を推進することによって、独占的な地位にあるスタートアップを育成した。ただ、生き残った企業は、独占地位を乱用してさらなるイノベーションの発生を阻止する方向に働くかどうか、懸念材料も残っている。

以上のように、ＶＣは中国におけるインターネットなどのハイテク産業の発展を推進するうえで、決定的な役割を果たしていたといえる。ただ、ＶＣが抱える課題も決して少なくない。

まず、政府引導基金の創設によってＶＣの投資規模は急速に拡大しているが、投資先に関してファンド所在地の企業を優先するなど、まだまだ制約が大きい。しかし、イノベーション活動は基本的に地理的に集積する傾向がある。中国のイノベーション活動も近年、深圳、北京、上海、杭州のような少数の大都市に集積する傾向が非常に強く出ている。イノベーションと地域のバランスをいかに保っていくかが、政府引導基金によって牽引される中国のＶＣの大きな課題となるだろう。

つぎに、中国のＶＣはビジネスモデルや、ある程度方向性が見えている輸入代替の分野に集中的に投資するものの、長期間にわたる研究の蓄積が必要な技術開発の分野に対する投資はそれほど多くない模様である[11]。このことは、トムソン・ロイター（Thomson Reuters）が二〇一五年に、そして同社の関係部署を引き継いだクラリベイト・アナリティクス（Clarivate Analytics）が二〇一六年以降に発表した、グローバルイノベータートップ一〇〇社のランキングとも合致している。このランキングは、特許の数や引用状況をもとに作成したため、各国企業の研究開発力を如実に反映している。そこにおける中国企業の位置づけを確認すると、二〇一五年には該当社なし、二〇一六年と二〇一七年にはファーウェイ一社しかランクインしていなかった。

こうした状況のなかで、中国のＶＣがとった対策は、技術的なブレークスルーをすでに達成した華人サイエンティストを世界中から集め、彼らによる起業を支援することである[12]。深圳のようなイノベーション都市では、そういった基礎研究の成果を短期間に商品化させるだけのパワフルなエコシステムを持ち合わせている（丁 二〇一八）。しかし、二〇一八年に勃発した米中貿易摩擦を契機に、米国は自身のハイテク分野におけるヘゲモニーを守るべく、中国による華人サイエンティストの誘致活動を強く警戒するようになった。中国の海外高度人材誘致計画の目玉事業である「千人計画」の当選者をつぎつぎと逮捕したばかりでなく、国家安全保障にかかわる理工系の中国人学生のビザ期間も短縮するようにした。米国からの技術的なリンケージが断ち切られようとしている状況のなかで、今後、中国の技術開発型のイノベーションはどのように展開するのか、ＶＣはどのような役割を演じるのか、注意深く見守る必要がある。

## 註　記

（1）データソースは異なるが、創業初期での投資が活発になっていることを裏づけるデータがある。中国におけるエンジェルラウンドとシリーズAの投資件数は、二〇一六年の一一一五件と九七七件から、二〇一七年には二〇一六件と一六一九件にまで急増している（https://36kr.com、二〇一八年一二月三日閲覧）。

（2）国産部品メーカーの情報は潘（二〇一六）から引用。資金調達情報は私募通のデータベースをもとに筆者が整理した。

（3）外資系ファンドからの学習は、元江蘇省ハイテク投資会社の創設者S氏からのヒアリングによる（二〇一七年七月）。

（4）清科中国エクイティ投資（股権投資）年間ランキング（二〇一六年版）および各社ウェブサイト、その他インターネット情報をもとに筆者が計算。

（5）ＢＡＴＪのファンドによる投資はすでに規模の大きくなった企業に投資することが多く、ファンド自体もＰＥのかたちをとるものが多い。一方で、ＢＡＴＪの創業者チームのメンバーはいずれも上場した後、保有する株の売却を通じて巨額の資金を手に入れている。この人びとは、創業初期を中心に、スタートアップへの投資を積極的に行なっている。筆者が二〇一八年一〇月に杭州で実施した現地調査では、アリババグループからスピンアウトした七社のうち、三社はアリババの創業者チームから投資を受け入れている。

（6）http://www.ctoutiao.com/188404.html、二〇一八年一月一〇日閲覧。

（7）騰訊（二〇一六）、原出所は「二〇一五安利全球創業報告」による。

（8）以下Ａ社に関する情報は、丁（二〇一八）から引用している。

（9）清科集団が公表する中国のＶＣ（狭義）ランキングでは、二〇一一年から四社が七年連続して上位一〇社にランクインしている。そのうち、二社は人民元ファンドである。一方、米国の場合、三パーセントの上位ＶＣ（狭義）は、業界全体の九五パーセントのリターンを獲得しているとも報告されている（王川「外表豊満，内在骨感的美国風険資本業」Investguru WeChat アカウント、二〇一八年一二月三日閲覧）。

（10）以下、配車アプリに関する情報は、各種インターネット報道をもとに整理したものである。

（11）このことは、中国本土のベンチャーキャピタリストに、先端技術を評価する能力を十分に持ち合わせていないことと関係しているかもしれない。上海の某名門大学の教授によると、現段階において、中国のベンチャーキャピタリストは、技術そのものよりも先進国との技術上のリンケージがあるかどうかで、投資の有無を決定する傾向があると指摘される（二〇一八年一〇月に実施したインタビュー）。

（12）筆者が二〇一七年に調査した深圳のハードウェアスタートアップにおいて、先進国の技術背景をもつ一四社のスタートアップのうち、ＶＣからの資金調達に成功した企業は一〇社だったのに対して、純粋なローカル系スタートアップ一五社のうち、ＶＣからの資金調達に成功した企業は五社にとどまった。よりシステマティックな検証が必要だが、現段階では先進国と技術的なリンケージをもったスタートアップのほうが、ＶＣからの資金調達で優位性を有している模様である。

## 参考文献

〔日本語文献〕

丁可（二〇一八）「台頭するイノベーション都市――深圳発の起業ラッシュ、各地に拡大」服部健治・湯浅健司・日本経済研究センター編著『中国「創造大国」への道――ビジネス最前線に迫る』文眞堂。

〔英語文献〕

Ferrary, M., and M. Granovetter（2009）“The role of venture capital firms in Silicon Valley's complex innovation network,” *Economy and Society* 38(2): pp. 326-359.

Guo, D. and K. Jiang（2013）“Venture capital investment and the performance of entrepreneurial firms: Evidence from China,” *Journal of corporate finance* 22: pp. 375-395.

Haskel, J., and S. Westlake（2017）*Capitalism without Capital: the rise of the intangible economy*, Princeton, NJ: Princeton

University Press.
Qian, Y. and C. Xu (1998) "Innovation and bureaucracy under soft and hard budget constraints," *The Review of Economic Studies* 65(1): pp. 151-164.

〔中国語文献〕

波士頓咨詢公司（ＢＣＧ）・阿里研究院・百度発展研究院・滴滴政策研究院（二〇一七）「中国互聯網経済白皮書——解読中国互聯網特色」(http://www.aliresearch.com/、二〇一八年一月一四日閲覧)。

潘九堂（二〇一六）「従山寨螞蟻雄兵到品牌平台整合——中国手机産業発展歴程」、アジア経済研究所のワークショップでの発表資料（一月）。

投資界網站（二〇一七）『中国創投簡史』北京：人民郵電出版社。

騰訊（二〇一六）「二〇一六互聯網創新創業白皮書」(https://new.qq.com/、二〇一八年二月二〇日閲覧)。

## 【コラム④】中国「政府引導基金」の実態

中国VC（ベンチャーキャピタル）業が急成長した背景には、「政府引導基金」（以下、「基金」）が果たした役割も大きい。清華大学中国金融研究中心と展恒理財が作成した『政府引導基金報告』によると、二〇一八年一〇月末時点の基金数は二〇四一、総資金規模は三・七兆元にのぼった。米中貿易摩擦において米国は、中国政府が「中国製造二〇二五」に掲げた重点産業を育成するため、巨額の補助金を投入し、市場の原理を歪め、不公平な競争環境を築いている、と問題視している。それでは、政府の関与が大きい政府引導基金も、同様の批判が該当するのだろうか？　投中研究院が代表的な基金三〇社に行なったアンケート調査（二〇一八年九～一二月）にもとづいて、その特徴を整理したい。

まず、中国VC業の投資額を底上げする、という点では大きな影響をおよぼした。①基金はVC向けの投資が多く（七三・三パーセントを占める）、中国VC業の発展を支えた。また、②基金の誘導効果は大きく、出資先の多く（八三・三パーセント）が出資額の三倍以上の資金を集めることに成功している。さらに、③基金は地元企業に対する投資への影響が大きく、すべての基金は出資先ファンドの投資額の四割以上を地元企業に投資することを出資先に求めている。

しかし、特定業種の育成を目指す産業政策とは性格が異なる。④基金が過去三年間に行なった投資は、TMT（テクノロジー・メディア・通信、複数回答で九三・三パーセント）とヘルスケア（同九三・三パーセント）に集中しており、第三位の素材・エネルギー分野（同六〇パーセント）を大幅に上回った。TMTに半導体やAI（人工知能）が含まれるものの、「中国製造二〇二五」の重点領域にばかり集中しているわけではない。また、⑤大多数の基金は経済合理性に見合った運営を行なうため、出資先の管理者（GP）の投資実績や、出資比率などに対して数多くの条件を課している。中国では政府の影響が大きいものの、その内容については詳細に検討する必要がある。

（丁　可）

# 第4章　コワーキングスペース
## 中国「衆創空間」の事例

伊藤　亜聖

## はじめに

コワーキングスペース（coworking space）とは、一般には月ごとの入居費を支払うことで、個人や企業法人が同一のオフィス空間を共有する場所である。新規創業企業のオフィス環境を月額制で整え、ネットワーキングのためのイベントを開催してコミュニケーションを促進させようとしている。多様な技能を持つ個人と企業をつなげる場所として、そして外部の知恵とリソースを活用するオープン・イノベーションの起点として、コワーキングスペースの役割が期待され、ウィーワーク（WeWork）に代表されるような大手運営会社も登場している。本章の目的は、創業を助け、異なるバックグラウンドを持つ人びとのあいだのコミュニケーションを加速させようとするコワーキングスペースの取り組みを、中国の事例に注目して検討を加えることである。

コワーキングスペースの開設はサンフランシスコやベルリンで先行したが、現在ではその数はアジアを含む世界各国で増加している。コワーキングスペースに関する情報収集機関であるデスクマグの調査によれば、二〇一七年末時点で、全世界のコワーキングスペースの数は一・五五万カ所、入居メンバーの合計は一二七万人に達している。(1) ハードインフラのオフィス環境からいえば、本来、入居する必要がないように思われる大企業も、多様な人材との知識交換と協業を目的として、そしてスタートアップとの接点としてのコワーキングへの部分的な入居や、イベントへの参加をするようになっている。スタートアップの「生態系(エコシステム)」との接点を考えるうえでも、コワーキングスペースはひとつの入り口として期待されているし、実際にそれを活用することは可能である。

以下では、本書のテーマである「起業を通じたイノベーション」を促進する仕組みの構成要素のなかのひとつとしてのコワーキングスペースに注目し、まず関連議論を確認する(第一節)。続いてアジアにおけるコワーキングスペースの概況をとくに中国の政策的文脈を確認し、コワーキングスペースの開設主体と目的に応じて五つに類型化して整理する(第二節)。そのうえで、スタートアップ育成のエコシステムのなかでコワーキングスペースがどのような役割を果たしつつあるか、入居契約とコストの面、そしてネットワーキングの実態を中国深圳市の事例から検討する(第三節)。

# 一　集積の経済性とニューエコノミー

## （1）都市と産業集積

産業や企業が地理的に集中することの意義について、経済学では「集積の経済性」として長年の議論が蓄積されてきた。コワーキングスペースの議論に入る前に産業集積に関する研究に触れておこう。

経済活動が特定地域に集中する現象とその背後にあるメカニズムは「集積の経済性」と呼ばれ、古くはアルフレッド・マーシャルにまでその議論はさかのぼることができる。「集積の経済性」の表われ方は、都市のように多様な産業が集まることによる知識のスピルオーバー効果の発生や、先端的な消費者の存在による需要効果が発揮されるパターン（母市場効果）がある。もうひとつには、日本では産地と呼ばれるような特定の業種内での地理的集中によって、中間財の調達コストや人材の蓄積、そしてノウハウの波及といった効果が表われることもある。アルフレッド・ウェーバーに代表される輸送費や中間財といった投入コストの削減効果を強調する立場に対して、近年ではイノベーションへの効果を重視する観点から生産性を高めるような暗黙知の共有の側面を強調するマーシャル的な立場が重視されるようになっている（経済地理学会編 二〇一〇）。

経済活動の地理的近接性をめぐる議論で、興味深い論点は、インターネットの普及による情報通信コストの低下によって、都市や集積がその役割を終えたのかどうか、という点である。トーマス・フリードマンは『フラット化する世界』のなかで、米国のソフトウェア開発やサポートセンター業務がインドのバンガロールをはじめとした地域にオフショア（外注）されつつあり、もはや国境を越えたサービス業の分業の可能性と途上国・新興国におけるハイテク産業の成長の可能性を指摘して注目を集めた（フリードマン 二〇〇六）。これに対してリチャード・フロリダは、彼が「クリエイティブクラス」と呼ぶ国境を越えた高度人材のコミュニティが形成されつつあり、とくに有力都市は高度人材を引き付けるためのアミューズメントとインフラを提供することで、イノベーションをけん引し続けていることを強調した（フロリダ 二〇〇七）。

通信コストの低下による産業の分散力の発生と、もう一方で対面でのアイディアの交換による価値創造効果の同時発生が指摘されているわけである。この点についてエドワード・グレイザーは、「フラットな世界に高層都市」と簡潔に表現し、インターネットの普及によってもこうした都市への経済活動の集中傾向と対面コミュニケーションの意義には変化が見られないことを強調する（グレイザー 二〇一二）。空間経済学の領域においては、知識や情報に距離減衰効果があることが定式化された事実として認識されており、情報交換による利益を享受するために都市形成が促進されると説明する（藤田・ティス 二〇一七）。また、ミクロな知識創出過程の研究では、お互いに異なる固有知識を持つ主体が共働することで成果が高まり、積極的に共同研究者を入れ替えることが有効であることが報告されている（Mori and Sakaguchi 2018）。

よりマクロな観点からは、こうした知識創出への政策介入余地が議論されている。ジョセフ・スティグリッツらは、知識の外部性と移転コストの存在に注目し、知識の創造と交換を促進することこそが経済成長そのものをけん引し、政策的介入も必要だと述べる（スティグリッツ&グリーンウォルド 二〇一七）。それによれば、学習（ラーニング）過程を促進し、その阻害となる要因を除去することによって、場合によってはある一時点での効率性を犠牲にしても、動学的に考えると将来の収穫逓増効果がありうる。つまり社会としてのラーニングに寄与するのであれば、政策的な支援を行なうことが是認される。

本書の主要課題である起業およびスタートアップと集積の関係に目を向けてみると、アナリー・サクセニアンが説得的な議論を展開している（サクセニアン 二〇〇八）。彼女は起業家精神、分業、そしてオープンな情報交換がシリコンバレーの成功の背景にあったと述べ、ベンチャーキャピタルにみられる形式的な要素が台湾の新竹、中国の北京や上海、そしてインドのバンガロールへと伝播しつつあることに注意を喚起した。

こうしたスタートアップや新興産業の成長のストーリーは整理されているが、都市内部の具体的地区やスタートアップの街の形成メカニズムに目を向けてみると、実のところ見方によっては「スラム」のような地価の低い地区が創業の場となってきたことは興味深い。小長谷一之はニューヨーク・マンハッタンのＳＯＨＯ地区、サンフランシスコ市のＳＯＭＡ地区の事例に触れつつ、工場や倉庫の集まる地区が産業空洞化によってスラム化し、都心かつ安価な賃料にひかれて、その地域にアーティストやクリエイター、そしてＩＣＴ（情報通信技術）企業が流入することによってベンチャーの中核地区となっていくパターンを見いだしている（小長谷 二〇一五）。

たしかに有力なスタートアップが本拠を置くのは、国というよりも、まずは地域的には主要都市であり、そのなかでも特定の地区に集中する傾向がある。彼らが本拠を置いているのは、「米国」や、「日本」

や、「中国」というよりも、明らかにサンフランシスコや、東京都、北京市や深圳市であり、そのなかでもSOMA地区、渋谷や六本木、そして南山区といった具合である。フリーマーケットアプリを運営するメルカリが二〇一九年現在本社を置くのは、東京都港区のハイエンドオフィスビル・六本木ヒルズであるが、その前身である株式会社コウゾウは創業当時には同じ六本木でも四丁目の雑居ビルに入居していた(2)。東京でいえば、大手町ではなく渋谷や五反田といった猥雑さのある街がICTスタートアップの苗床として機能しつつあることも指摘できるだろう(3)。

### (2) コワーキングスペースの役割

それでは「共に働く(Co-work)」場所としてのコワーキングスペースには、どのような経済性があると考えられるだろうか。前記の議論を念頭に置くと、都市内部の特定地区の、さらに具体的なオフィスレベルでコストパフォーマンスが高く、過ごしやすいオフィス環境を提供し、さらに異なる知識やネットワークを持つ人が出会う場を提供すること、これがコワーキングスペースに期待されることだと考えることができる(Gandini 2015)。前記のような「都心かつ低コストな地区」へのスタートアップの集中傾向はコワーキングスペースの登場以前にみられてきたことであるが、今後はコワーキングスペースがより環境整備された空間を提供することでスタートアップの苗床として機能することが期待されている。

ここでコワーキングスペースのサービス内容を整理しておこう。コワーキングスペースにおけるメンバーシップは通常期限を区切った利用権であり、月ぎめ(マンスリー)での契約が一般的だが、ウィークリーやデイリー、そしてカラオケボックスのように数時間の利用(いわゆるドロップイン)が可能なところもある。さらにオフィス内は通常、会話をすることが推奨されないオフィススペース、会話をすることができる打ち合わせ・カフェスペース、そしてクローズドの会議室などによって構成されている。オフィススペースは、壁で仕切られていないオープンなオフィススペースと、特定の入居者・企業の専属プライベートオフィスに分けることができ、前者のなかでも利用者が特定化されていないフリーアドレススペースと、特定の利用者が専属的に利用するフィックスアドレススペースに分かれているケースもある。利用者は、Wi-Fi通信環境のほかにメールボックスを利用でき、また会議室は無料や有料での利用が可能となる。３Ｄプリンタやレーザーカッター、はんだごておよび作業台といった製造ツールを完備したスペースもあり、製造機能により重点を置いたスペースはメイカースペースと呼ばれている。(4)

コワーキングスペース業界の世界大手となっているのは二〇一〇年ニューヨークで創業し、ユニコーンとなったウィーワークである。二〇一九年一月時点で、全世界九七都市五五五カ所のオフィスを展開しており、快適な環境だけでなく、ウィーワークコミュニティへの参加による効果を謳っている（同社ウェブサイトより）。

日本でも大企業がメイカースペースやコワーキングスペースを開設することで社内のアイディアを孵化させ、また社内外との接点を増やす取り組みをみせている。ソニーは、品川駅港南口の本社一階奥にメイカースペース・ソニーシードアクセラレーションプログラム・クリエイティブラウンジを二〇一四年八月に開設し、製造ツールを揃え、社内エンジニアの運営のもとでのイベント開催を行なっている。(5)

またヤフージャパンを運営するヤフー株式会社も、二〇一六年一一月、紀尾井町の本社ビル内に日本最大級のコワーキングスペース・ヤフーロッジを開設した。無料で一般開放されており、二〇一八年夏時点で毎日三〇〇人から四〇〇人が利用し、ウェブ系にとどまらないさまざまなイベントが開催されている。(6) ハードウェアの領域、いわゆるメイカースペースの領域では、電気街からコンテンツ産業の拠点へと変貌を遂げつつある秋葉原に、二〇一四年一一月、充実した製造ツールを完備したDMM.Makeが開設されている。(7)

コワーキングスペースに関する研究も増えてきている。コワーキングスペースが世界的に増加している背景として指摘されるのは、第一に、プログラマーやデザイナーといった業種で、組織に属さずにプロジェクトベースで仕事を受注するフリーランス形態が増え、彼らが快適で開放的なオフィス環境に加えてイベント開催をきっかけにして新たなネットワークの構築もしやすい場所を求めていたことである(ピンク二〇一四)。くわえて、二〇〇八年の世界金融危機によって先進国において労働市場が不安定化したことを一要因だとみる立場や(Merkel 2015)、コワーキングスペースのポジティブな面を踏まえたうえで、「コワーキングバブル」ともいえるような乱立状態が生まれていることを指摘する研究者もいる(Gandini 2015)。

前項で紹介したような「集積の経済性」の観点から検討したものとしては、カプデビラがコワーキングスペースを「マイクロクラスター」として位置づけ、先進国経済全体がフォード的な大量生産、大組織の時代から、ネットワーク型、分散型の組織へと移行し、オフィスのレベルでの知識の交換が求められるようになったことを重視している(Capdebila 2013)。これまでの常識からすれば同一オフィスという超近距離にいるのは、同一組織内の従業員であった。しかし超近距離でありながら、なおかつ他組織の従業員や個人やフリーランサーと日常的に交流の場を持つことができるという意味では、これまでの集積論が念頭に置いていた以上に近距離でのインタラクションを目指しているのがコワーキングスペースだ、と考えることができる。

コストを分母、アウトプットを分子において生産性を考えると、コワーキングスペースはコスト（賃料）を下げることと、アウトプット（成果）を出すことが期待されている。フリーランスを想定すれば、在宅で一人働く状況よりも、「共に働く」状況において追加的な生産性上昇効果があれば、「コワーキングの経済性」が働いていると考えることができるだろう。この「コワーキングの経済性」には、コスト面での効果や、ネットワーキングによる正の効果がある一方で、超近距離ゆえに情報漏洩リスクと隣り合わせであることや、コワーキングスペースでの事業継続が企業イメージを棄損するような側面も否めない。

前記のように一定の研究蓄積がみられているが、アジアにおけるコワーキングスペースの状況とその役割の実態についてはいまだに目立った検討が加えられていない。そこで以下では、アジアのなかでも中国の状況に注目して検討を加える。

## 二　中国のスタートアップ支援と「衆創空間」

### （1）中国の「大衆創業、万衆創新」政策とコワーキングスペース

二〇一〇年代に入り、アジア諸国からも新世代のスタートアップの出現がみられている。ユニコーン

に注目すると、二〇一七年一二月の時点で、日本の一社に対して、シンガポールが一社、インドネシアと韓国が二社、インドが一〇社、そして中国が五九社となっている。[8] 中国は米国に次ぐ世界第二位のユニコーン輩出国となっていることが注目されるが、東南アジア・南アジア地域でも本書の第7章で取り上げるシェアリング・エコノミー（たとえばライドシェア）やEC（電子商取引）の領域でスタートアップが生まれている。こうしたユニコーンの背後にはより小規模かつ多数のスタートアップが存在しており、その育成エコシステムの一環にコワーキングスペースがあると考えることができる。[9]

なかでも、二〇一〇年代にコワーキングスペースおよびメイカースペースが政策的サポートのもとで急激に増えたのが中国である。中国では李克強首相のイニシアティブのもとで、二〇一四年以来、若者の創業によってイノベーションを促進しようとする「大衆創業、万衆創新（大衆による起業、万人によるイノベーション）」政策が進められてきた。[10] この政策フレームワークは「頂天立地（天を頂き、地に立つ）」と概念化されており、上は科学技術イノベーションを推進するとともに、同時に下からは市場で求められている需要に対応した多数の新規創業企業を支援しようとするものである。政策手段としてはハイテク企業、大学やインキュベータをはじめとする機構への財政的支援、そしてベンチャー投資機関の設立要件を緩和することを含む金融面での政策が含まれており、イノベーションの推進と同時に雇用創出も目指された。

つまり「大衆創業、万衆創新」のなかで起業を促進するという「地に足をつける」部分を担うことが期待されたのが、コワーキングスペースである。政策文書にはコワーキングスペースを意味する「衆創空間」の開設を支援するという文言が入っており、二〇一五年に公布された中央政府科技部の「衆創空間」支援政策には次のように述べ、中央政府の創業支援の意図がはっきりと示されている。

衆創空間は新たな科学技術革命と産業変革の趨勢に対応し、ネットワーク時代の大衆のイノベーションと創業の需要を有効に満たす新たな創業サービスプラットフォームである。衆創空間はアーリーステージの創業のための重要なサービス形態で、創業者に対して低コストでオフィス空間、ネットワーク空間、社交空間と資源のシェア空間を提供する。そして科学技術インキュベータ、アクセラレータ、産業園区などとともに創業支援のチェーンの一部を構成する。衆創空間の主な機能はイノベーションと起業をつなげ、オンラインとオフラインをつなげ、インキュベーションと投資をつなげ、専門的なサービスによって創業者が新技術を応用すること、新製品を開発すること、新市場を開拓すること、そして新業態を育成することである。[11]

中国政府の科学技術部は二〇一三年末から北京の中関村地区での創業環境の調査をはじめており、そのなかに国内で先駆的な「衆創空間」が含まれていた（範・陳編 二〇一六）。科技部が公表するデータによれば、中国国内のスペースは二〇一七年までに合計五六三九カ所に達した。[12] このうちで科技部が認定したコワーキングスペースは二〇一八年一〇月時点で一九五二カ所に達し、付加価値税、不動産税への免税措置をはじめとする優遇措置が取られている。[13] このうちスタートアップの拠点となっている地域をみると、北京市には一五九カ所、上海市には七八カ所、深圳市には九一カ所（広東省全体では二三五カ所）の、国家レベルのコワーキングスペースおよびメイカースペースが設置されている。

中国政府の科学技術イノベーション政策の体系のなかには、かねてインキュベータを意味する「孵化器」への補助金が整備されてきた[14]。中国の創業支援とイノベーション政策のうえでは、「孵化器」と「衆創空間」のあいだに明確な区別がある（浦東創新研究院 二〇一六）。「孵化器」は少なくとも面積一万平米以上のスペースを持ち、入居企業は法人登記され、なおかつ研究開発型の企業に限られ、さらに入居企業の従業員に対しても大学および専門学校以上の学歴を持つものが七〇パーセントという規定がある。一方で、「衆創空間」には面積への規定がなく、さらに重要なことは法人登記されていない個人や創業準備中のチームであっても入居が可能で、なおかつ入居メンバーへの学歴規定もない。このため、「衆創空間」は中国政府がこれまで実施してきたインキュベータから、明確に補助対象となる入居候補者の範囲を広げたものと位置づけられる。

こうした「衆創空間」の運営モデルは、ワーキングスペースの確保と、ベンチャー投資へのアクセスサポート、そしてイベント開催などであり、その構成要素の多くは米国のウィーワークやYコンビネータ（Y Combinator）といった先行モデルを学習しながら、中国の環境を踏まえて設置が進んでいったものとも位置づけられる（優客工場編 二〇一六）。日本においてもスタートアップ支援と「働き方改革」の文脈においてコワーキングスペースの設立への政策的補助金はあるが、ここまで強力な政策的支援を受けて設置が進んだことは中国的な特徴といえるだろう。この意味で、「衆創空間」は中国の創業政策とイノベーション政策上の概念でもあるが、以下ではコワーキングスペースと特段の区別をせずに言及する。

（2）「衆創空間」の概況と類型

ここで二〇一七年のデータから、中国の「衆創空間」の概況を整理しておこう（表4－1）。同年時点で、中国全土に五七三九カ所のコワーキングスペースが開設されており、合計の座席数は一〇五万席に達し、入居企業およびチームは合計二三万七〇〇〇である。同年、財政補助金の合計は三一億五〇〇〇万元で、新たに登記された企業数は八万七〇〇〇社あまりであった。一スペースあたりの平均をみると、一八三の座席を持ち、四一社が入居し、収入は二六六万元、このうちおよそ二〇パーセントにあたる五五万元が財政的補助金によるもので、一カ所あたり年間一五社程度の新規登記企業数を生み出している[15]。

同データから、入居企業の創業者の属性をみてみると、全体として特徴的なことは、大学生が半数に迫る四七・七パーセントを占めていることである。すでに言及した中国政府の「大衆創業、万衆創新」政策においても、大学生の起業促進はイノベーションの推進のみならず雇用確保の観点からも重視されており、とくに大学内に設置されるコワーキングスペースはまさにこうした狙いをもっている（清華大学の事例は、本書の第5章を参照）。入居企業の創業者で大学生に続くのは、元研究者（二四・一パーセント）、そして連続起業家（一六パーセント）となっているのに加えて、大企業経験者（七・八パーセント）や帰国留学生（四・一パーセント）の存在も無視できない。

地域別の構成をみると、とくに学術研究やベンチャー投資が盛んで、なおかつ都市としてもっともハイレベルな北京や上海では、大学生の比率が低く、帰国留学生や研究者、そして大企業経験者の起業比率が高いことも指摘できる。たとえば、北京ではコワーキング入居企業・チームの創業者に占める大

間」の概況（2017年）

| 新規登記企業数 | 投融資獲得企業数 | 投資受入額（万元） | 財政補助金額（万元） |
|---|---|---|---|
| 87,761（15.3） | 18,410（3.2） | 67,757,418（ 11,806.5） | 315,238（ 54.9） |
| 1,358（61.4） | 1,815（9.8） | 20,436,219（110,466.0） | 25,090（135.6） |
| 3,011（17.5） | 739（4.3） | 13,283,298（ 77,228.5） | 10,229（ 59.5） |
| 8,343（12.1） | 1,873（2.7） | 7,309,192（ 10,562.4） | 30,246（ 43.7） |

済指標」(2018年10月30日発表、2019年 1 月29日閲覧）より筆者作成。

学生は三〇・五パーセント、上海ではわずか二一・九パーセントである。それに対して帰国留学生の比率はそれぞれ一〇・二パーセントと一二パーセントとなっており、全国平均の二・五倍から三倍の比率となっている。北京では創業者の三八・九パーセントを研究者が占めており、大学生よりも多いことは特徴的である。より教育水準が高く、また研究業績や実務経験を持っている高度な人材の創業の場として、大都市のなかのコワーキングスペースが機能しつつあることが示されている。

中国におけるコワーキングスペースをより実態的に考えるうえでは、それぞれ運営主体と設置目的、そして入居メンバーの構成の面から分類することが有効である。

第一の類型は、不動産業者運営系コワーキングスペースである。管理運営する企業がみずからの資産の有効活用と資産価値の状況を見込んで運営しているケースと位置づけられ、中国最大規模のコワーキングスペースを展開している優客工場、民間で活発な不動産開発事業を展開している万科集団があげられる。電子産業の地方国有企業であり、不動産を保有する深圳市の賽格集団が運営するスペース・SegMaker（賽格衆創空間）などもこの類型に入る。前記の科技部認定の一九五二カ所のうち、「優客工場」は四カ所だけがリストに掲載されているが、認定されていない個所を含め

表4－1　中国の「衆創空

| | スペース数 | スペースの収入（万元） | 提供座席数 | 入居企業・チーム数 |
|---|---|---|---|---|
| 全国合計 | 5,739 | 1,529,266（　266.5） | 1,054,675（183.8） | 237,126（ 41.3） |
| 北京 | 185 | 248,773（1,344.7） | 143,313（774.7） | 34,900（188.6） |
| 上海 | 172 | 61,006（　354.7） | 49,551（288.1） | 9,167（ 53.3） |
| 広東 | 692 | 137,772（　199.1） | 105,348（152.2） | 21,791（ 31.5） |

註：各欄の丸カッコ内は、１スペースあたりの平均。
出所：中華人民共和国科学技術部火炬高技術産業開発中心「2017年衆創空間主要経

ると合計一〇〇カ所以上を展開している。

第二の類型は大学・研究機関であり、清華大学や科学院が運営するコワーキングスペースが有名だが、全国の有力な大学にはコワーキングスペースが開設されている。たとえば前記の科技部認定スペース一九五二カ所のうち、少なくとも一八四カ所が大学系のスペースとなっている。これらの大学設置型では学生の創業を支援し、学術研究成果の市場化を意図していると整理できる。

第三の類型は、ＶＣ（ベンチャーキャピタル）などの投資機関が運営するスペースであり、アクセラレータとして入居者を選別しつつ、スタートアップの育成環境の一環としてコワーキングスペースも提供している。北京の中関村にはこの手のスペースが集中しているほか、全国主要都市にも彼らはコワーキングスペースを展開している。

第四の類型は大手インターネット企業系のスペースであり、アリババ（阿里巴巴）のインキュベータ、テンセント・コワーキングスペース、ナッシュ空間などがそれにあたる。中国ではバイドゥ（百度）、アリババ、テンセント（騰訊）がスタートアップの育成システムのなかで果たす役割が大きく、豊富な資金力とユーザープラットフォームとのシナジー効果を背景にＢＡＴ系のスタートアップが一大勢力となっている（本書の第３章）。

たとえば、ソフトウェア系のスタートアップに対して開設されているテンセント・コワーキングスペース（騰訊衆創空間）は、二〇一八年一月時点で全国に三四カ所開設されており、北京の場合には中関村地区のほかに郊外の回龍観にも大規模なスペースがある。深圳の場合には、後述するソフトウェア産業基地の一角に二〇一六年一〇月にテンセント・コワーキングスペースが開設され、二〇一八年一月までに九〇のプロジェクトが入居し、とくにテンセントやファーウェイ（華為科技）からのスピンアウト企業、そして海外からの帰国組によって構成されている(16)。

そして第五に、コワーキングスペースの専業独立系の企業も存在しており、そのなかには深圳の思微（Simplywork）のように拠点数を増やしつつある企業や、中国のメイカームーブメントをけん引してきた柴火創客空間のような事例もある。

このように一言でコワーキングスペースといっても、その経営主体の業界分布と有するネットワークは大いに異なり、その設置目的も異なる。

## 三 「コワーキングの経済性」の検討

### （1） 整備されるスタートアップのゆりかご

それでは、コワーキングスペースが創業に対して果たした役割はどのように評価できるのだろうか？まず検討が必要なことは、中国においてコワーキングスペースが開設されるようになったのは二〇一〇年代以降であり、現時点で有力なハイテク企業やスタートアップはほぼすべて、いわゆるコワーキングスペースが整備されていない時期に創業し、成長したという事実である。コワーキングスペースがなければスタートアップが生まれないのかというと、決してそうではない。

中国に限らず、発展途上国の大都市では、大都市のなかに出稼ぎ労働者が集住する地域が形成されてきた。中国ではこのような現状を「城中村（Urban Village）」と呼んでおり、とくにもともとの住民がごく少数である移民都市である深圳市の場合には、この「城中村」が依然として市内に数多く残っている。近年注目を集める企業の創業の地に目を向けてみると、一九八七年に創業したファーウェイは深圳湾近くの民家で創業したといわれているし、ドローンのパイオニア、ＤＪＩ（大疆創新）の創業時のオフィスもマンションの一室であったといわれる。テンセントは地元の国有電子系企業・賽格集団が華強北エリアに運営していたハイテクパークにオフィスを構えることで創業しており、この意味では二〇〇〇年代までに創業した企業は、非法人企業までを受け入れるコワーキングスペースとは無縁のかたちでスタートを切っていた。

二〇一〇年代に入ると、その状況は大きく変化する。たとえば深圳市には、二〇一三年から二〇一六年末までに早くも一二〇カ所以上のコワーキングスペース、そして一〇〇カ所近くのインキュベータが設置されている。こうしたコワーキングスペースとメイカースペースの急増は、同時に新たなネットワークの形成も意味していた。たとえば、香港科学技術大学（ＨＫＳＴＵ）でロボティクスの領域のインキュベーションで著名な李澤湘教授は、ＤＪＩをはじめとするロボティクス・スタートアップへの支援を行なっており、深圳市内での活動に加えて、隣の東莞市には、李教授が主導したロボティクス・スタートアップ向けの団地も開設されている。教育用ロボットを開発製造するメイクブロック（Makeblock）の場合には、深圳市内の電気街（華強北）のハードウェア・アクセラレータＨＡＸで起業したが、ＨＡＸはサンフランシスコに本拠を置くハードウェア部門のアクセラレータである。このようにこれらのスペースは、単に数が増加したのではなく、機能面ではアクセラレータ機能と並行し、そしてネットワークの面では香港やサンフランシスコといった海外の重要テクノロジー拠点との関係の強化も意味していた。

また、コワーキングスペースをはじめとするスタートアップ環境の整備は、より広く都市の街並みやその産業構造の高度化ともかかわっている。産業構造が製造業からサービス業への移行し、都市全体の再開発が進むなかで、深圳市では工業団地がおしゃれなエリアに、そして工場がコワーキングスペースへとリノベーションされ、かねて安価な住宅を提供してきた「城中村」でも再開発が進みつつある。かつて、家電メーカーのコンカ（康佳集団）等の工場があったエリアは再開発され、OCT Loftという、東京の代官山を思わせるようなエリアに変貌した。OCT Loftにはミュージアムやおしゃれなデザイナーショップ、レストラン、カフェが並び、流行の拠点へと変貌しつつある。この一角には中国のメイカームーブメントをけん引してきた柴火創客空間も立地している。テンセントの旧本社ビルの周辺はかつて「麻雀嶺工業園区」と呼ばれてきたが、現在ではハードウェア・スタートアップやコワーキングスペースが集まる地区へと変貌を遂げつつある。この地区にも拠点を持つ思微（Simplywork）は、深圳市内で現在八カ所のコワーキングスペースを展開している独立系コワーキングスペースで、いずれの拠点も工場の建屋をリノベーションして、若者向けのコワーキングスペースへと変貌させている。

深圳市をけん引する南山区のなかでも、スタートアップ向けの大規模開発案件の筆頭と位置づけられるのが深圳湾ソフトウェア産業基地である。同産業基地は、深圳市政府の全額出資の地方国有企業によって開発されており、隣接するオフィス団地である「エコシステムパーク」とならんでスタートアップが集中している。ソフトウェア産業基地の中心には「創投ビル」、すなわちＶＣビルが立地し、このビルのみで五〇の投資機関（ベンチャー投資およびその他投資機関を含む）が入居している。このビルの中にもコワーキングスペースは入居しており、二〇一八年一月時点では三八階に米国発のアクセラレータであるロケットスペース（Rocketspace）が深圳スペースを開設しているほか、近隣のビルにもテンセント・コワーキングスペースをはじめとする数十のコワーキングスペースが集中している。二〇一八年第１四半期にはソフトウェアパークのランドマークとして、いよいよテンセントの新本社ビル（濱海本部ビル）が運用開始となり、これによりプラットフォーム企業、ベンチャーキャピタル、コワーキングスペース、スタートアップが集中するエリアが完成している。

## （2）コワーキングスペースの政策効果

それでは、コワーキングスペースの効果はどのように評価できるだろうか。中国メディアはコワーキングスペース出身企業の代表格として、フードデリバリー大手のアーラマ（餓了麼）、写真加工サービスのメイトゥ（美図）、無人小型船舶の雲洲智能無人船といった企業をあげるが、これら企業の創業は二〇〇八年から二〇一〇年ごろであり、二〇一四年以降の政策的支援の成果とは言い難い。

あらためて表４－１の概況をみると、一スペースあたりのパフォーマンスでは北京が他地域を圧倒し

図4－1　地域別の「衆創空間」パフォーマンス（2017年）

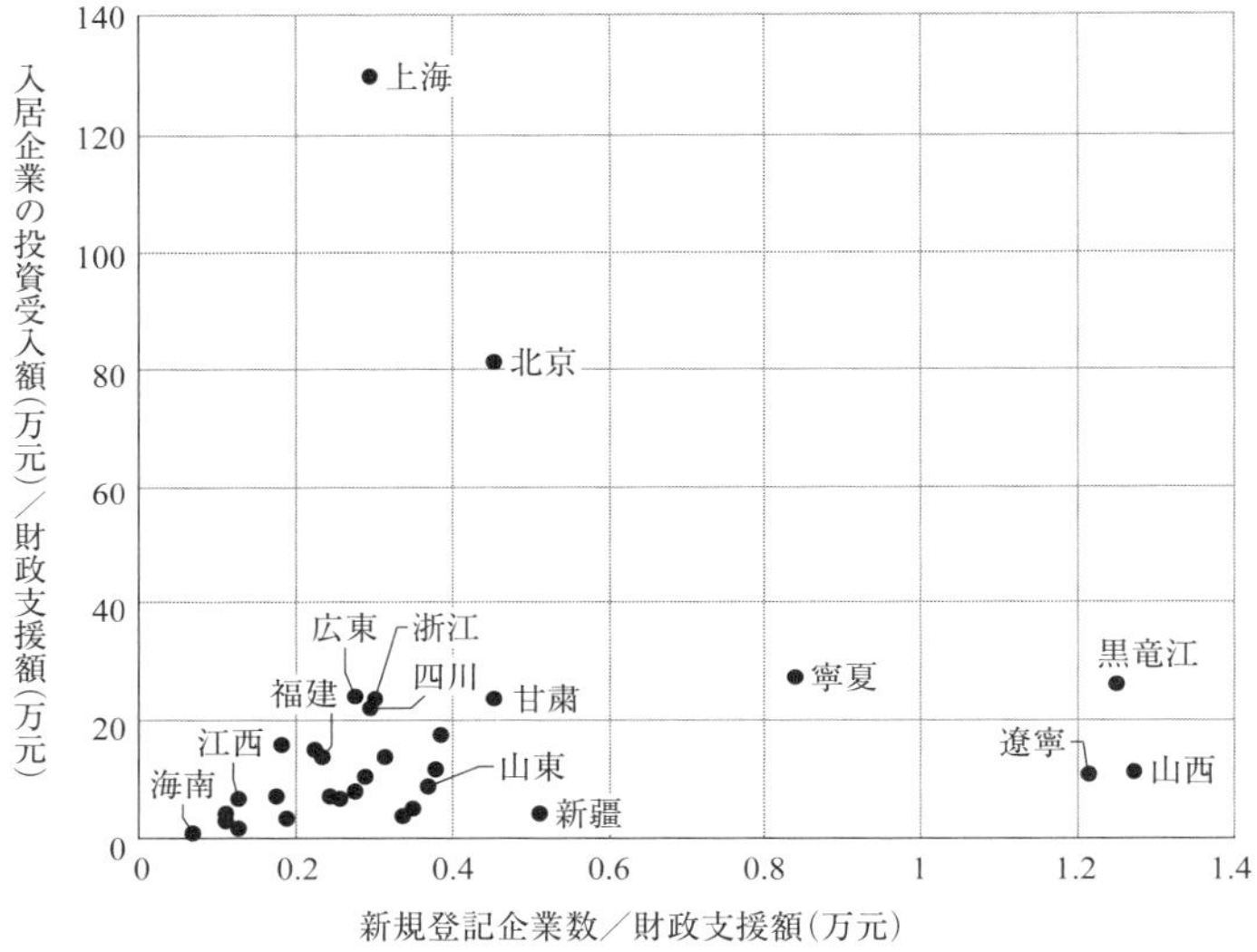


出所：表4－1に同じ。

ている。北京のスペースの平均規模は、座席数で七七四席、入居企業・チーム数が一八八となっており、大規模かつ活気ある空間となっていることがわかるが、これは多分に北京が元来持つ人的資源の豊富さと政策的補助の強さによっている。

財政支援の金額に対してどの程度の成果をあげているかに注目してみると、北京の優位性は絶対的なものではない。ここでは政策的な因果関係が比較的想定しやすい、財政支援額に対する新規創業企業数と入居スタートアップの投資受入額をみることで、創業支援と価値創造の面でのパフォーマンスを検討してみよう（図4－1）。

まず財政投資額に対する新規登記企業数の比率をみると、全国合計では三一・五億元の支援額に対して新規登記企業数は八万七〇〇〇社であった。このため、財政支援額一万元あたりで〇・二八社が新たに生まれ、これは逆算すると一社の新規登記企業数を生み出すために三・六万元が投入されていることになる。しかしこのパフォーマンスには大きな地域差があり、上海が平均値に近い値であるのに対して、北京は一万元あたりの新規創業企業数が〇・四五社と若干高い値となっている。意外にも黒竜江省や山西省、そして遼寧省といった後発地域では、財政支援額に対して新規創業企業数が非常に多くなっている。

つぎに入居企業が獲得した投資額をみてみると、この点では上海と北京が他を圧倒しており、資金を集めるスター型のスタートアップの苗床となっていることがわかる。

コワーキングスペースの機能として創業支援と価値創造という二つの側面を取り出してみた際、むろん、両者が両立したスペースが理想的であるが、現状では創業支援の役割が強い地域と、価値創造で成果をあげる地域という、大きく分けて二つの方向性がありそうである[17]。

## (3) コワーキングスペースの入居条件と「フレキシビリティ」

筆者は二〇一七年度に深圳市に滞在した際、世界最大の電気街である深圳市福田区華強北に立地し、賽格集団が運営するコワーキングスペース・賽格衆創空間に入居した[18]。筆者が賽格衆創空間に入居しているキーパーソンと連絡を取りはじめたのは二〇一七年一月であった。その後、四月に入居をはじめ、同月初旬に非法人の個人名義で契約を結ぶこととなった。その際の条件は、「オープンスペースの専属利用の机で一席一カ月一〇〇〇人民元」、「入居後三カ月は賃料無料」、「一年間の入居が必要」というものであった。一席月一〇〇〇元(約一万六五〇〇円)の入居費は、深圳市内では比較的リーズナブルな設定であり、南山区のコワーキングスペースのなかには、専属利用の机の場合には一席月一五〇〇元から二五〇〇元の値段設定をしているところが一般的だった。

提供されるサービスは基本的には郵便物の受け取り、Wi-Fi環境の提供、会議室等の利用権利、そして3Dプリンタなどの製造ツールの利用権である。一年間の入居の契約を結んでいるものの、事前の交渉次第で期間や席数を変えることができ、いわゆる不動産契約よりもフレキシブルであった。プレゼンテーションができる会議室の利用も、運営ルール上は月一回の利用までは無料だったが、実のところ、現場の担当者のなかで人柄がよく、仲の良いマネージャーに頼めば、無料で利用することができた。契約も、現場での運用もかなりフレキシブルなものだった。こうしたルールが徹底されていないことは、逆にリスクにもなりえる。筆者らの知り合いでロケットスペース深圳に入居していたスタートアップは、運営者の運営方針の転換により突然当月末での退去を求められる事例があった。

このように考えると、コワーキングスペースの運営体制自体も、中国的な商習慣のなかで実施されていくこととなり、アジアのコワーキングスペースを考えるうえでも、それぞれの地域の商慣習のなかにコワーキングスペースの契約も埋め込まれていく面にも目を向けることが必要だろう。

（4）「ネットワーキング」と「コミュニティ」の実態

つぎに検討したいことは、コワーキングスペースを拠点として実施されるさまざまなイベントによって、どのようなネットワーキングやコミュニティがうまれているのか、という点である。人がただ単に集まれば「コワーキングスペースの経済性」が発現するわけではない。企業が単に地理的に集まっても

「集積の経済性」が生じないことがあるのと同様に、フリーランサーや企業が席を並べていても、ヘッドフォンをしてそれぞれがインタラクションをせずに、黙々と仕事をしているだけでは「コワーキングスペースの経済性」は生じないだろう。

この点を検討するうえでは、コワーキングスペースを中心に開催されているイベントに目を向けることが重要である。

ここでは中国国内でのスタートアップ関連のイベント情報の概況を把握するために、イベントの広報とチケット管理サービスを提供している「活動行」から、中国における主要都市で開催されているスタートアップ系のイベントの数を、二〇一七年四月から五月についてみてみよう(19)。創業系、投資系、科学技術系の三つのカテゴリーのイベントに注目すると、最大のイベント数が開催されているのは三類型合計で七三二件となった上海である。なかでも上海は、創業系のノウハウを共有するイベントが二カ月で五二九件開催されており、非常に活発であった。一方で北京は上海に続く六九一件のイベントが開催されており、とくにベンチャー投資系のイベントは全国でももっとも多い六〇件開催されている。それに続くのが三七四件のイベントを開催した深圳であり、上海と北京には件数で及ばないものの、広州、杭州にくらべると活発な情報交換がなされていることが示唆される。

こうしたイベントはホテルやイベント会場などでも開催されているが、なかでもコワーキングスペースやメイカースペースは主要な開催場所のひとつである。その理由は、コワーキングスペースはイベントを開催可能なインフラをもっていることに加えて、そこには主催者となりうるコミュニティマネージャーがおり、情報をまとめる役割を果たしていることである。それぞれのコワーキングスペースにはキーパーソン（多くの場合には現場マネージャー）がおり、入居企業の事業内容や動向を把握したうえで、国内外との広いネットワークを持っており、投資家を含むマッチングイベントの主催を主導している。この結果、業種、地域、そして国境を越えたノウハウを共有する機会が準備されることとなる。

ひとつの事例をみてみよう。深圳の著名メイカースペースである柴火創客空間が、二〇一七年四月から一二月にかけて九カ月で三八件のイベントを主催しており、そのテーマはプログラミング言語のＡＩライブラリ・テンサーフローに関するワークショップから、レーザーカッターの使い方といった製造ツールに関するもの、そしてクラウドファンディングでの成功の秘訣など多岐にわたる。[20]

このなかで筆者が参加したワークショップを紹介しよう。二〇一七年五月二五日に柴火創客空間／Xfactoryにて開催されたイベントには、クラウドファンディング世界最大手・キックスターター本社からジュリオ・テラ氏（デザインおよびテクノロジーディレクター）が登壇した。[21] 同氏はクラウドファンディングに成功するためにどのような準備が必要か、キャンペーンの開始前の具体的週や、キャンペーン開始後に求められるメディア対応まで含めて、詳細に解説した。[22] テラ氏はXfactoryだけでなく、前日にはハードウェア・アクセラレータＨＡＸの深圳拠点でもイベントを開催していた。まさにグローバルなスタートアップコミュニティのキーパーソンと、現地の企業家たちの接点となっているのがコワーキングスペーススペースとアクセラレータなのである。

このようなイベントは、深圳のコワーキングスペース／メイカースペースにいるキーパーソンに連絡が入り、イベント企画が進み、イベント広報サイト、そしてＳＮＳ上（具体的にはウィーチャット）のパブリックアカウントで告知される。イベント開催の背景には、当然ながら、ＳＮＳをはじめとするコミュニケーションツールの発展があり、中国に限った話ではなく、むしろシリコンバレーのスタイルが伝播したともいえるだろう。すでに言及したとおり、深圳には二〇一六年末時点までに合計一二三カ所のメイカースペース、インキュベータ施設なども含めると合計二八四の施設が整備されている。この結果、主要なアクセラレータやコワーキングスペース／メイカースペースのメーリングリストを購読し、SNSのパブリックアカウントをフォローすることで、ほぼ毎週何らかのミートアップやイベントに参加することができる状況が生まれているのである。

知識創造の過程に関する研究や、コワーキングスペースの経済性で想定される異なる知識とネットワークを持つ個人を物理的な空間で、ある程度のテーマ設定のもとでマッチングさせる場として、これらのスペースのイベントは機能しているのである。

なお、右のようなネットワーキングは、コワーキングによる「正の効果」だと考えられる。だが同時に、オープンなオフィススペースには物理的な制約もあり、またコワーキングスペースでの製品開発には情報漏洩や模倣のリスクもあり、企業の成長によって徐々にコワーキングスペースからの「卒業」を目指すことが一般的であることも付言できる。

すでに言及したSegMakerの場合、工場内自動化用画像認識技術の開発を手掛ける企業の経営者は、従業員一五名の創業当時にはコワーキングスペースの利便性が大きかったと指摘する（写真4−1）。しかしその後、従業員数が二五名に達したタイミングで、開発中の自動設備をオープンスペースに置かねばならない環境を問題視し、コワーキングスペースから独立したオフィスへと「卒業」した[23]。オープンスペースにデスクトップパソコンを置かなければならない環境では、技術情報や顧客情報の保護が難

写真４－１　Seg Maker内オープンスペースに入居していた画像認識スタートアップ
（2017年12月20日，伊藤亜聖撮影）

しく、少なくともコワーキングスペース内でも個室への転居が求められるが、平均的な規模のコワーキングスペースは二〇名以上の従業員を収容可能な個室を持っておらず、企業の規模拡大によって物理的に「卒業」を迫られることとなる。

### (5) サイバーとフィジカルの連動

中国に限らず、こうしたコワーキングスペースを拠点としたコミュニティの形成と断続的な情報交換は、フィジカルなコワーキングスペースやイベントだけでなく、サイバー空間上のSNSでも継続される。欧米や日本ではフェイスブックグループ上での情報交換といった通常のSNSが利用されることもあれば、ウィーワークのように専用のアプリケーション内部での情報交換を可能としている場合もある。中国の場合には、サイバー空間上のSNS機能は現状ではウィーチャット上のグループチャットが基幹的な役割を果たしている。

ウィーチャットの月間アクティブユーザー数は一〇億人に達しており、現状では、中国ではベンチャー関連のコミュニティにとどまらず、ほぼ全員がウィーチャットを使っているという環境が生まれている。このため名刺交換よりもウィーチャットのアカウントの交換が重要になり、イベント参加時も、まずはその場で司会者が巨大なQRコードをスクリーンに投影してグループチャットを立ち上げることも頻繁に行なわれている。

フィジカルな場所でのイベントを起点として、バーチャル・デジタルなソーシャルネットワークが多数つくられているのである。深圳市における筆者の観察では、ほぼすべてのコワーキングスペースには、それぞれグループチャットが形成されており、コワーキングスペースの入居者のみにメンバーシップを限ったグループチャットがある一方で、定期イベント用のグループチャットなどはよりオープンなメンバーシップとなっており、複数のレイヤーでコミュニティとメンバーシップが設計され、情報が交換されている。

## おわりに

本章における議論をまとめておこう。まず、コワーキングスペースに期待される密な情報交換による生産性の向上は、産業集積論として議論されてきた論点の一系譜として考えることができる。とくにノウハウの共有という視点は、コワーキングスペースに期待されるネットワーキング面の効果と通じる。コワーキングスペースが「マイクロクラスター」として概念化されていることはその表われである。コワーキングスペースで生じる正の効果の程度を決める要因として仮説的に考えられるのは、第一にコワーキングスペースの運営企業のネットワーキング力と、第二に現場のコミュニティマネージャー（キーパーソン）の人的資本とイベント企画の能力である。

中国の事例では、大学のほかに不動産業者や大手ＩＴ企業といった企業がコワーキングスペースを多数展開しており、中国国内から自社とのシナジー効果が期待できるスタートアップを発掘しようとしている。個人でも入居可能で、投資家や外部からの訪問者とのネットワーキングの場を提供することは、既存のインキュベーションセンターの政策ターゲットとは異なり、多数の新規創業企業と多額のベンチャーの苗床としての成果をもたらしつつある。ただし、中国ではベンチャー業界全体で二〇一五年から二〇一六年にかけてブーム的状況が生じたことは、ベンチャー投資のみならず、コワーキングスペースとメイカースペースでも同様であり、補助金目当てや不動産開発を目的としたスペースの開設がみられてきたことも否めず、二〇一八年以降には一部スペースの国家認定資格のはく奪や閉鎖などが報道され、選別の時代に入りつつある。(24) 今後は効果のでないコワーキングスペースへの補助金が削減される環境下で、「コワーキングスペースの能力」によって優勝劣敗が生じていくことになるかもしれない。

そのうえで、新たに生まれたコワーキングスペースをどう活用できるかは積極的に検討するに値する。シリコンバレーではプラグ・アンド・プレイ（Plug and Play）のようなアクセラレータ兼コワーキングスペースが現地のローカルエコシステムへの入り口のひとつとなっている。そしてアジアで、そして新

写真４－２　ニコ技深圳コミュニティの現地開催イベントの様子（2017年７月４日，伊藤亜聖撮影）

興国で新たなスタートアップの拠点が生まれつつあることを鑑みると、日本企業がオープン・イノベーションを進めていく過程において、新興国のローカルなベンチャーエコシステムの入り口としてコワーキングスペースを活用することは有意義であろう。そして各地のローカルなベンチャーエコシステムの活力を測り、またそのなかに加わっていくうえでは、こうした運営企業のネットワーキング力や、キーパーソンの能力を見極めていくことが重要だ。

実際に中国においても、日本企業を含む外資企業が現地スタートアップとの接点を探す際、現地のベンチャーキャピタルのほかにコワーキングスペースやアクセラレータを活用することが可能である。たとえば、本書にも寄稿している高須正和氏が発起人である「ニコ技深圳コミュニティ」は、二〇一八年以降、毎月の深圳市でイベントを開催しており、深圳現地のサプライチェーンやスタートアップの取り組みを紹介し、ネットワーキングするオープンデイを開催している[25]。筆者自身も同コミュニティの一員として、コワーキングスペースSegMakerにて複数のイベントを開催したが、その際には日本からのビジターに加えて、現地の企業家やアクセラレータからも参加者を得た（写真４－２を参照）[26]。

本書の各章が示すように、エコシステムは多様な要素によって構成されている。資金があれば現地の有力なベンチャーキャピタルのファンドに出資することは、有力な情報源となる。大学は基礎的研究とビジネスをつなげ、そして大学生に企業家教育を行なううえで重要な拠点となっている。そしてこうした構成要素のなかで、アウトサイダーとしてもっともアクセスが容易な入り口が、コワーキングスペースであり、そこで開催されているイベントなのである。アジアの、そして新興国のエコシステムへの入り口はすでに用意されている。

註　記

（１）　Deskmag, "2018 Coworking Forecast" (https://socialworkplaces.com/wp-content/uploads/2018/04/2018-Complete-Coworking-Forecast.pdf、二〇一九年三月一五日閲覧).

（２）　ユナイテッド株式会社との二〇一三年八月一三日付「株式会社コウゾウとの資本・業務提携に向けた基本合意に関するお知らせ」に記載されている住所は東京都港区六本木四丁目一一番四号であり、一蘭ラーメンや立ち食い蕎麦屋も立地する地区である（二〇一九年一月二九日閲覧）。

（３）　渋谷文化ＰＲＯＪＥＣＴウェブサイトの二〇一四年六月四日記事「データから見る渋谷の日本一」には、東京都のＩＣＴ企業の分布が示されており、「ビットバレー」とも呼ばれる渋谷区に二〇一三年時点の区レベルで最多の五八八社が立地している（https://www.shibuyabunka.com/data/20140604/、二〇一九年一月二九日閲覧）。

（4）メイカースペース、ハッカースペースがいかにＤＩＹメイカーのコミュニティの拠点となってきたかについては、ハッチ（二〇一四）を参照。

（5）正式名称はSony Seed Acceleration Program（SAP）Creative Lounge。「〝放課後〟の研究開発を促進する企業内メイカースペース『SAP Creative Lounge』――ソニー株式会社　田中章愛さんインタビュー」『Make』二〇一四年一〇月六日（https://makezine.jp/blog/2014/10/interview_sony_tanaka_01.html、二〇一八年一二月一四日閲覧）。

（6）Yahoo Lodge ウェブサイト（https://lodge.yahoo.co.jp/）および、「ヤフーが運営する無料コワーキングスペース『LODGE』の魅力」『ケータイ Watch』二〇一八年七月二〇日（https://k-tai.watch.impress.co.jp/docs/news/1133779.html、二〇一八年一二月一四日閲覧）を参照。

（7）DMM.make ウェブサイト（http://www.dmm.com/pr/make/010/）、二〇一九年一月三一日閲覧。

（8）Nikkei Asian Review, "Asia now home to 75 unicorns as sharing economy takes off," December 4, 2017（https://asia.nikkei.com/Business/Trends/Asia-now-home-to-75-unicorns-as-sharing-economy-takes-off）.

（9）本章では東南アジアをはじめとする他の地域について検討することができなかったが、たとえば東南アジアの状況は、李・川原（二〇一八）で報告されている。

（10）初期の政策文書は、国務院弁公庁政府信息与政務公開弁公室編（二〇一五）にまとめられている。

（11）引用箇所は、科技部二〇一五年九月八日公布「発展衆創空間工作指引」（http://www.most.gov.cn/mostinfo/xinxifenlei/fgzc/gfxwj/gfxwj2015/201509/t20150914_121587.htm）より。「衆創空間」の国家認定基準などは、同二〇一七年一〇月一二日公布《国家衆創空間備案暫行規定》を参照（http://www.ctp.gov.cn/fhq/zcfg/201710/7cffa3bf92ae4589a7852af00c27276d.shtml、二〇一九年一月三一日閲覧）。なお、中国の「衆創空間」関連政策については、劉編（二〇一七）の第二章を参照。

（12）中国政府科学技術部ウェブサイト掲載「二〇一七年火炬統計手冊（科技企業孵化器和衆創空間部分）」（http://www.ctp.gov.cn/fhq/tjnb/201811/d4f98565ff2643f4b1d7ccc4408c52af.shtml、二〇一九年一月四日閲覧）より。

（13）科学技術部火炬高技術産業開発中心「関於公布国家備案衆創空間名単的通知」二〇一八年一〇月二二日より（二〇一八年一二月一四日閲覧）。

（14）より厳密には、国家レベルのインキュベーションセンターは「国家級総合孵化器」と「国家級専業孵化器」に分類される。

（15）たとえば二〇一八年時点で、深圳市の科学技術イノベーション委員会が補助金を出しているのは市内三三カ所のコワーキングスペース／メイカースペースで、補助金額は平均七〇万元である。ただし、このほかにも国家科技部や他のルートからの補助金もある。深圳市科技創新委員会ウェブサイト、二〇一八年一〇月二三日公開「深圳市科技創新委員会関於弁理二〇一八年市創客専項孵化器、創客空間和創客服務平台項目資助資金撥款的通知（http://stic.sz.gov.cn/zxbs/jggs/201810/t20181023_14320306.htm、二〇一九年一月三〇日閲覧）を参照。

（16）「創業地図：騰訊布局全国28城、34個衆創空間」『創業家』二〇一八年一月二三日より。

（17）コワーキングスペースのパフォーマンスを測るうえでは、入居企業の有効特許保持数や、コワーキングスペースにおけるイベント開催数も検討可能である。

（18）なお、本コワーキングスペースは台湾の若年企業家の受け入れプロジェクト・海峡両岸青年創業基地にも指定されており、本書の第2章で議論されている台湾の企業家の取り込み政策ともかかわっている。なお、二〇一八年九月時点に、中国大陸二〇の省市に合計七六カ所の海峡両岸青年創業基地が設立されている（「両岸青創基地和示範点再増二三個」『人民日報』海外版、二〇一八年九月一四日を参照）。

（19）三つの類型合計のイベント数は、上位から上海七三二件、北京六九一件、深圳三七四件、広州一五七件、杭州一〇七件、成都六一件、南京三四件、武漢二八件、蘇州二二件となり、中核的な都市への集中傾向が顕著である。

（20）柴火創客空間ウェブサイト（http://www.chaihuo.org/）より集計（二〇一八年一月二八日閲覧）。

（21）イベント名は“Meet Kickstarter and bring your project to life”であった。

（22）テラ氏の講演の内容の詳細については、筆者ブログ記事「深圳在外研究メモ No. 22 深圳で Kickstarter のキャンペーン戦略を学ぶ編～『クラウドファンディングとは Community-driven funding である、それ相応の準備が不可欠』」

(https://aseiito.net/2017/05/27/shenzhen_2017_22/) を参照（二〇一七年五月二七日執筆）。

(23) 二〇一七年一二月二〇日にSegMakerにて第一回聞き取り、二〇一九年四月三一日にメッセージにて第二回聞き取りを行なった。

(24) 「中国メイカースペースバブルと崩壊後」（高須正和翻訳・解説）『fabcross』二〇一九年一月一七日（https://fabcross.jp/topics/tks/20190117_made_in_china.html、二〇一九年二月三日閲覧）。

(25) ニコ技深圳コミュニティの活動については、フェイスブックのグループページ（https://www.facebook.com/groups/ntshenzhen/）を参照。

(26) 筆者が深圳市で実施した二つのイベントの事例については、筆者ブログ記事「深圳在外研究メモNo. 26 メイカースペースSegMakerでイベントを開催してみた編～ドローンミートアップと深圳観察会ワークショップ」（https://aseiito.net/2017/07/05/shenzhen_2017_26/）を参照（二〇一七年七月五日執筆）。

## 参考文献

〔日本語文献〕


小長谷一之（二〇一五）「インターネットと都市」山形浩生編『第三の産業革命——経済と労働の変化』角川学芸出版。

グレイザー、エドワード（二〇一二）『都市は人類最高の発明である』山形浩生訳、NTT出版。

経済地理学会編（二〇一〇）『経済地理学の成果と課題　第Ⅶ集』日本経済評論社。

サクセニアン、アナリー（二〇〇八）『最新・経済地理学——グローバル経済と地域の優位性』星野岳穂・本山康之監訳／酒井泰介訳、日経BP社。

スティグリッツ、ジョセフ&ブルース・グリーンウォルド（二〇一七）『スティグリッツのラーニング・ソサイエティ——生産性を上昇させる社会』藪下史郎監訳／岩本千晴訳、東洋経済新報社。

ハッチ、マーク（二〇一四）『Makerムーブメント宣言——草の根からイノベーションを生む9つのリール』金井哲夫訳、オライリー・ジャパン。

ピンク、ダニエル（二〇一四）『フリーエージェント社会の到来（新装版）――組織に雇われない新しい働き方』池村千秋訳、ダイヤモンド社。

藤田昌久、ジャック・ティス（二〇一七）『集積の経済学――都市、産業立地、グローバル化』東洋経済新報社。

フリードマン、トーマス（二〇〇六）『フラット化する世界――経済の大転換と人間の未来（上・下）』伏見威蕃訳、日本経済新聞社。

フロリダ、リチャード（二〇〇七）『クリエイティブ資本論――新たな経済階級の台頭』井口典夫訳、ダイヤモンド社。

李ヨンオン・川原晋（二〇一八）「東・東南アジアにおけるコワーキングスペースの特徴に関する研究――事業目的と立地都市の状況に着目して」『観光科学研究』一一号（三月）：一～八頁。

〔英語文献〕
Capdevila, I.（2013）“Knowledge Dynamics in Localized Communities: Coworking Spaces as Microclusters”（December 9, 2013）, Available at SSRN: https://ssrn.com/abstract = 2414121.
Gandini, A.（2015）“The Rise of Coworking Spaces: A Literature Review,” *Ephemera* 15(1): pp. 193-205.
Spinuzzi, C.（2012）“Working Alone Together: Coworking as Emergent Collaborative Activity,” *Journal of Business and Technical Communication* 26(4): pp. 388-441.
Merkel, J.（2015）“Coworking in the City,” *Ephemera* 15(2): pp. 121-139.
Mori, M. and S. Sakaguchi（2018）“Collaborative Knowledge Creation: Evidence from Japanese patent data,” RIETI Discussion Paper Series, 18-E-068.

〔中国語文献〕
国務院弁公庁政府信息与政務公開弁公室編（二〇一五）『国務院　大衆創業万衆創新政策選編』北京：人民出版社。

范偉軍・陳晴編（二〇一六）『中国的衆創空間』上海：上海科学普及出版社。
劉志陽編（二〇一七）『衆創空間　創業型社会新群落』北京：社会科学文献出版社。
浦東創新研究院（二〇一六）『二〇一六年衆創空間調研報告』二〇一六年一二月刊行。
優客工場編（二〇一六）『中国衆創空間行業発展藍皮書（二〇一六）――中国衆創空間的現状与未来（増訂版）』杭州：浙江人民出版社。

## 【コラム⑤】中国のスタートアップと特許

中国で出願・登録された特許件数が急増している。R&D(研究開発)の全成果を、特許出願するわけではなく、企業秘密として公開しないものも多い。また、産業によっては、特許よりも、製品・サービスをいち早く市場に投入することや、巧みなビジネスモデルを構築することの方が、優位性の構築に直結する場合もある。それでも、中国企業によるR&D投資の増加を受けて、その成果としての特許も増加している。

特許件数はファーウェイ(華為技術)などの大手の出願・登録件数がとくに多いが、スタートアップによるものも増えている。上の表は、二〇〇六年創業の商用ドローン大手DJI(大疆創新)が中国国内で出願し、登録された特許を示している。二〇一九年五月末時点で、権利が有効な特許は三二九件存在する。

| IPC | 件数 | 内容 |
|---|---|---|
| B64C | 54 | 飛行機など |
| G05D | 37 | 非電気的変量の制御・調整系 |
| H04N | 26 | 画像通信 |
| B64D | 24 | 航空機の装備など |
| F16M | 19 | スタンドや支持体など |
| 合計 | 329 | |

出所:CNIPRのデータベースにもとづき筆者作成。

これを、特許の技術分類(IPC)にもとづいて上位五領域(サブクラス)を示すと以下のとおりとなる。大別すると、B64CやG05D、B64Dといった、飛行関連技術の特許がとくに多い。DJIは飛行制御に関わるフライトコントローラをはじめ、飛行性能や操作性を高めるためのコア技術を一貫して蓄積してきた。また、DJIはドローンを飛ばすことに加えて、空撮などの用途に対する技術も磨くことで、ドローン利用にともなう総合的な魅力を高めてきた。表のとおり、画像通信に関わるH04Nや、カメラを安定させるための機構(ジンバル)に関わるF16Mも多い。

起業が盛んになり新しい産業が数多く生まれているが、有力企業の急成長や、ライバルとの競争を経て、技術的な水準も向上している。

(木村 公一朗)

# 第5章　大学のスタートアップ支援

## 中国・清華大学の事例

周　少丹・林　幸秀

## はじめに

二〇〇八年のリーマン・ショックを受けて、中国政府は要素投入型成長モデルから脱却し、新しい成長モデルへシフトさせようとしている。そして、習近平体制になった二〇一三年以降、中央政府はイノベーション駆動型国家発展戦略を打ち出し、新しい成長エンジンの創出や「中所得国の罠」の克服を全力で推進するようになった。

また、近年、ドイツではインダストリー四・〇が、米国ではインダストリアル・インターネットという次世代製造技術推進コンセプトが提唱され、主要国が相次いで次世代製造技術推進策を発表している。第四次産業革命の波に乗り、世界に先駆けて自国の競争優位性を構築するためだ。

そのなかで、中国も二〇一五年に「インターネット・プラス」や「中国製造二〇二五」をはじめとした産業技術政策を打ち出し、産業技術のデジタル化、製造技術のスマート化、そして新しい技術による新興ハイテク産業の創出を図っている。

　他方、中国経済は二〇一〇年代に入ってから経済成長率が一〇パーセント前後から七パーセント前後へ急速に鈍化したため、中国政府は高度成長から中高度成長に移行した経済を「新常態」（ニューノーマル）と表現している。「新常態」にある中国政府にとって、産業構造の転換を推進しながら、毎年八〇〇万人近くの大学卒業生の就職先をどのように確保するのかが、国や社会の安定にかかわる重大課題のひとつとなっているのだ。

　こうした複雑な課題の解決案のひとつとして、中国政府は既存産業で吸収することのできない新卒大学生を新産業創出のパワーにし、国の産業構造の転換と高度化につなげようとしている。つまり、ピンチをチャンスにするための戦略として、二〇一五年に国務院（内閣府相当）は「大衆創業、万衆創新（大衆の起業、万人のイノベーション）」というスタートアップ支援基本策を発表した。その後の二年間で、国務院、関連省庁および地方省政府レベルから四〇〇以上にもおよぶ関連施策が発表され、エコシステムの構築に大きな力を注いでいる。

　エコシステムの構築には、アクセラレータの充実、大学生や研究者の起業支援、政府系投資資金の充実、規制緩和、金融制度の改革などがかかわっている。そのうち、スタートアップ参加者や技術の源流である大学の取り組みは、スタートアップ支援の中核に置かれると考えられる。大学は従来の教育機能、研究機能、社会へ研究成果の橋渡し機能に加えて、スタートアップ支援機能も問われるようになった。

　したがって大学は、いかにして安定志向で公務員、外資系および大企業を目指している大学生たちをスタートアップに誘導するのか、いかにしてスタートアップの成長をアクセラレートするのかなどの、新しい課題にチャレンジしなければならないのである。だが、二〇一五年に開始したスタートアップ支援キャンペーンのなかで大学がどのような役割を果たすのかについては、いまだ十分に解明されているとは言いがたい。

とはいっても、国に先駆けてスタートアップ支援に取り組むトップ大学が存在していたことも事実である。そのうえで、中国国務院は二〇一六年に第一期で四つの大学、二〇一七年に第二期で一五の大学をスタートアップ支援デモストレーション大学に指定し、これらの大学のベストプラクティスを全国に普及することを図っている。

そこで本章では、もっとも成功している清華大学のスタートアップ支援の仕組みを紹介し、スタートアップにおける大学の役割を整理してみたい。

## 一　早期の大学発スタートアップ——「校弁企業」の歴史的背景と現状

一九七八年の「改革開放」政策以来の中国の歴史は、政府が私有経済（プライベートセクター）を認めて、大いなる成長を実現させた歴史であり、いわゆる広い意味でのスタートアップ支援の歴史でもある。その流れのなかで、一九八〇年代から大学は、

一、独自の財源の開拓が必要になったこと、

二、国によるハイテク産業創出推進政策が大学の市場への参入チャンスを生んだこと、

三、大学が保有する技術に対する市場価値の評価が増加したこと、
四、企業のR&D(研究開発)能力が不足していたこと、

などを背景に、教育機能、研究機能に加えて、研究成果の産業への橋渡し機能も大学内で自然に発生するようになった(角南 二〇〇四;金 二〇一四)。

その結果、大学は企業を設立し、経済活動を行なうようになった。このような企業は「校弁企業」と呼ばれており、「校弁企業」時代の特徴は大学の責任者が企業の経営者を兼任する点にある。これが、中国の大学発スタートアップの原形となった。ただし、「校弁企業」には出版社や教育事業を営む企業もあり、すべてが研究成果の橋渡しを担っているわけではなかった。

一九八〇年代から二一世紀の初頭にかけて、各地で「校弁企業」が乱立し社会からの批判も受けた。なぜなら、公的機関である大学が企業の経営に参加し、その財源を確保したものの、このことが国の市場経済改革を攪乱する恐れがあったためだ。そこで、二〇〇一年に中国国務院は「北京大学・清華大学の校弁企業の管理体制を規範する通知(以下、「通知」)」を発表し、大学企業の経営権を大学から分離した。さらに、国務院はこれを全国の大学にも適用し、大学傘下企業の設立に一時的な制限を加えたのである。

その後、各大学は傘下に一〇〇パーセント出資の大学資産管理会社を設置し、大学傘下企業を資産管理会社の傘下に集め、経営権を資産管理会社に委ねた。このようにして、企業の経営権が大学から分離されたものの、企業の収益は大学の財源にかかわるため、傘下企業と大学管理層のあいだには依然として緊密なコミュニケーションが保たれた。

前述の通知による規制を受けて、中国の大学の傘下企業は欧米的な企業管理制度を導入してきた。中国教育部の統計によれば、二〇一三年末まで全国で五五二の大学が五二七九の傘下企業を有し、傘下企業資産総額は三五三八億元（約五・七兆円）に達している。そのうち、北京大学と清華大学の傘下企業の資産総額は、それぞれ一一七六億元（約一・九兆円）、九七一億元（約一・六兆円）と、全体の六割以上を占めており、大学間には大きなばらつきがある。

北京大学、清華大学以外の大学の状況に関する公開データはないが、イメージがわかるように、ここでは東方財富数据Choiceのデータ（二〇一六年一一月二五日）にもとづいて、一〇の大学が所持する上場企業の株式時価総額をリストアップし、表5－1のように整理した。

表5－1　中国の大学の所持する上場企業の株総額（2016年11月25日）
（単位：億元，カッコ内は億円）

| 大学名 | 株式時価総額 |
|---|---|
| ○ 北京大学 | 290.57（約4,692） |
| ◎ 清華大学 | 182.80（約2,953） |
| ○ ハルピン工業大学 | 71.55（約1,155） |
| ○ 復旦大学 | 16.44（約　265） |
| ○ 中南大学 | 12.73（約　205） |
| ◎ 南京大学 | 9.49（約　153） |
| ◎ 四川大学 | 7.29（約　118） |
| ○ 山東大学 | 4.88（約　79） |
| ○ 南京理工大学 | 0.94（約　15） |
| ◎ 上海交通大学 | 0.89（約　14） |

出所：東方財富Choice数据をもとに筆者作成。

右に述べた大学の傘下企業には出版社、教育関連企業、不動産などが存在するが、大学の研究成果の橋渡しを担う企業も多い。とりわけ、二〇一六年にスタートアップ支援におけるモデル大学（第一期）と指定された清華大学、南京大学、四川大学と上海交通大学（表5－1で◎を付した）、二〇一七年に指定された第二期の北京大学、復旦大学など六の大学（表5－1で○を付した）は、傘下企業を通じて研究成果の橋渡しすることが多い。

研究成果の産業への橋渡しの視点からみれば、主要国では、一般に特許の譲渡・ライセンシング、大学内の企業共同ラボ、ジョイントR＆D拠点といった方法が多い。しかし中国の場合は、計画経済時代の産物として民間企業、とくに民間のハイテク企業はなかったため、初期段階の研究成果の橋渡しは主に大学発企業を通じて行なわれた。つまり、初期段階では中国大学の研究成果の橋渡し支援システムは大学発企業支援システムと同一のものであった。以下では、清華大学を例として大学のスタートアップ支援を具体的に説明する。

## 二　清華大学の事例

### （1）清華控股および清華大学傘下企業のガバナンス

清華大学は中国教育部に所属し、「世界大学ランキング二〇一九」（World University Rankings 2019）によれば、世界で第二二位、アジアでは第一位となっている。

清華大学は、一九八〇年代から他の大学と同じように直接経営する企業を数々立ち上げ、二〇〇〇年初頭、国の規制の影響で清華控股（Tsinghua Holdings）を設立し、バラバラになっていた同大学傘下企業を図5－1のようにまとめた。清華大学は清華控股の一〇〇パーセントの株式と総裁の任命権を有し、運営管理にはかかわらないようになった。

二〇一八年には、清華控股は中国のトップ五〇〇の企業の第一三七位となり、R＆D費対売り上げ比は中国第三位となっている。清華控股の傘下の企業を大きく分けると、サイエンスパーク運営管理企業とハイテク企業群、投資企業から構成されている。とりわけ、啓迪控股（TusHoldings）は清華大学の

図５－１　清華大学と傘下企業

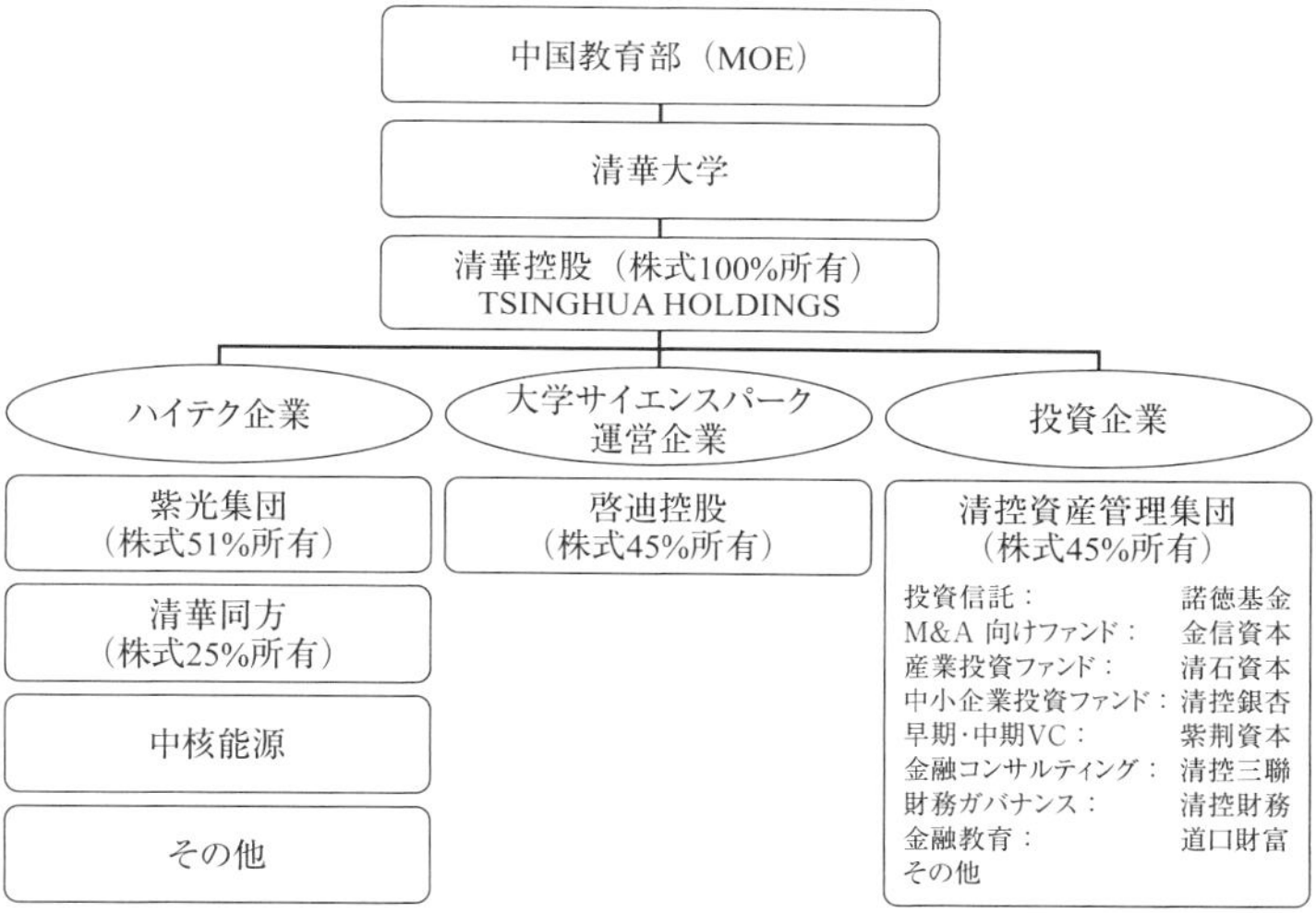


出所：清華大学および清華控股のウェブサイトにもとづいて筆者作成。

各学部、他の清華大学傘下企業、地方政府および外部企業と密な関係を持ちながら、スタートアップ支援において中核的な役割を果たしている。

　また、ハイテク企業は主に半導体チップ、環境エネルギー、ライフ・ヘルス分野に焦点を当てており、モバイル端末用CPU（中央演算処理装置）チップ、メモリチップを供給している紫光集団（Tsinghua Unigroup）、富士通のように電子情報製品、情報システム技術が強い清華同方（Tsinghua Tongfang）、原子力発電所を建設する中核能源（Chinergy）などが有名である。

　最後の清華大学の投資企業は、前任の徐井宏CEOが二〇一二年に着任後、清華控股で大きな改革の一環として清控資産管理集団（Tsinghua Asset Management）を設置し、清華大学系企業の成長や外部企業への投資を図っている。

二〇一六年の財務データ[1]によると、清華控股

X-Labにて、メンターが学生のスタートアップ・プロジェクトを指導する様子（周少丹撮影）

は一四社の筆頭株主であり、資産総額が三五二八億元（約五・七兆円）、売上高が九五六億元（約一・五兆円）、清華大学への配当金額は一四・九億元（約二四〇億円）であった。清華控股の子会社には大規模なグループ企業も多く、たとえば、最大の子会社である啓迪控股の傘下には八〇〇社が存在する。清華大学のスタートアップ支援は、啓迪控股を中心に展開されている。以下では、啓迪控股とその他の主要傘下企業の基本状況を紹介したい。

〈啓迪控股（TusHoldings）〉

一九九四年に発足した啓迪控股は中国の科学技術サービス企業[2]の代表格で、世界最大のサイエンスパーク群を運営するほか、中国各地で三〇〇以上のインキュベータを有するなど、資産総額が二〇一八年二月時点で二〇〇〇億元（約三・二兆円）を超える清華大学系の最大の企業である。

啓迪控股の株式の四五パーセントは清華控股によって所持され、傘下には一二の上場企業と八〇〇以上の非上場企業を有している。啓迪控股はもともと、清華大学の研究成果を産業界へ橋渡しする目的で設立され、スタートアップ支援の中核にもなっている。

周知のように、中国は計画経済で生産活動を指導していた時代があり、当時大学は人材育成、国立研究機関は技術開発、企業は生産といったように分業していたため、企業のR&D能力は全体的に弱い。研究成果の橋渡しは、研究人員が同時にスピンオフしなければ、技術シーズの製品化はきわめて困難な状況におかれる。

また、大学は、半導体加工設備やOLED(有機LED)といった最先端技術の開発成果を実用化するための取り組みが必要となる。その際、開発者がスピンオフするモチベーションを向上するためには、快適な生活環境の整備も考慮しなければならない。そのため、啓迪控股は全国各地でサイエンスパークを整備することに加え、快適な居住施設、商業施設、娯楽施設、病院、さらに保育園、幼稚園、小中学校も整備しなければならない。

結果として、啓迪控股は環境保護、スマートシティ、クリーンエネルギー、医療健康、新材料、教育、文化・エンターテインメントなど幅広い事業を展開しており、傘下には八〇〇以上の企業を抱えている。ただし、こうした広範な事業を短期間で展開するためには、巨額の資本が必要となる。そのため、啓迪控股は自前のエンジェルファンド、VC(ベンチャーキャピタル)ファンド、PE(プライベートエクイティ)ファンドを設立し、現在では一〇〇億元(約一六一〇億円)の投資ファンドを管理している。また、将来のために、三〇〇億元(約四八三〇億円)規模のM&A用PEファンドの設立も計画している。

〈紫光集団(Tsinghua Unigroup)〉

紫光集団は一九八八年に創設され、現在では清華控股(所有比率五一パーセント)と民間企業の健坤集団（同四九パーセント）が所有する、資産総額三七一億元の国有企業である。傘下には半導体チップを生産する紫光展鋭（Spreadtrum）、紫光国芯（Unigroup Gouxin）、ＵＭＴＣの三社と、クラウド・コンピューティングやクラウド・ストレージサービスを提供する紫光股份（ＵＮＩＳ）、新華三集団（Ｈ３Ｃ）と紫光西部数据の六社がある。

半導体チップとクラウド・ストレージ技術にフォーカスする紫光集団は、自社開発、共同出資や買収によって技術力を強化している。また、地方政府、民間企業および外国企業との協力も行なっている。二〇一六年から一〇年間で一〇〇〇億ドルを投資し、武漢市や成都市にメモリ工場を建設予定で、将来的に世界市場のトップになろうとしている。

〈清華同方（Tsinghua Tongfang）〉

清華同方は、一九九七年に清華大学の出資によって設立されたＰＣ（パーソナル・コンピュータ）メーカーである。現在は資産総額が五六三億元、売上高が二七一億元（二〇一六年）におよぶ清華控股の傘下企業である。

株式所有の構成は、清華控股が二五パーセント、紫光集団が二・三パーセントを所有している。清華同方は傘下に八つの上場企業と六つの非上場企業を有し、清華大系の巨大グループ企業のひとつである。非上場企業のひとつは、啓迪控股のインキュベータが外部の有望な中小企業を支援し、その後、清華同方が買収した企業である。

〈清控資産管理集団（Tsinghua Asset Management）〉

二〇一二年に徐井宏氏が清華控股の総裁に着任し、従来のハイテク企業、サイエンスパーク業務（研究成果の橋渡し）に加えて、事業成長を加速するために投資事業である清控資産管理集団を設立した。そして、産業投資ファンドやVCファンド、PEファンド、メザニンファンド、M＆A（合併・買収）ファンド、ファンド・オブ・ファンズなど三〇あまりのファンドを設立した。その資産総額は七〇〇億元（約一・一兆円）に達する。(3)

## （2）スタートアップ支援のパターンと事例

清華大学は一九八〇年代から三〇年あまりをかけて、研究成果の橋渡しのシステムを完備した。研究成果の橋渡しのため、大学の技術をベースにした企業が設立されるなど、スタートアップ支援を行なうこともある。以下では、スタートアップ支援の仕組みと成功事例を、①R＆D型スタートアップの支援、②学内の社会課題型スタートアップの支援、③外部のアイディア・技術に対するスタートアップ支援という、三つのパターンに分けて説明する。

①R＆D型スタートアップの支援

清華大学は、国家レベルの重点事業を担ったり、地域振興に携わる際、関連するハイテク技術を活用するなどしてスタートアップ支援を行なうことが多い。このようなスタートアップの特徴は、R＆Dの期間が長いことのほか、チームや投資資金の規模が大きいことがあげられる。この場合、清華大学や清華控股、地方政府、地方国有企業は共同で投資する。

また、清華大学は研究チームと技術を、清華控股（または傘下グループ企業）と地方国有企業は投資資金を、地方政府は工場用地と資金を提供する。

清華控股の傘下企業が清華大学や地方政府と協力する場合もあるが、大学側の技術の成熟度が低かったり、地方におけるハイテク産業の投資環境が悪かったり、人材誘致のための生活環境が整っていなかったりする場合、啓迪控股が大きな役割を果たす。以下は、啓迪控股が介在するスタートアップ支援のプロセスである。

［第一段階］啓迪控股は全国に散在しているサイエンスパークやオフィスを通じて、地方政府、地方国有企業および民間企業のニーズを吸収し、清華大学の既存技術とマッチングする。

［第二段階］協力に合意したら、清華大学や清華控股または地方国有企業が試作品費用を拠出し、大学内では開発チームが結成して試作品を作る。(4)

［第三段階］試作品ができたら、研究チームがスピンオフして地方にある啓迪控股のインキュベータに入居して、量産技術を開発する。

［第四段階］量産技術の開発のめどがついたら、清華控股、地方政府および地方国有企業が出資の割合を決めて、共同出資して工場の建設に着手する。

［第五段階］工場竣工後、インキュベータに入居している人員が工場へ移行し、同時に人員（一部の開発企業は清華大学由来）を募集し、生産規模を拡大する。

〈維信諾社（Visionox）〉

維信諾社は、邱勇院士[5]（現大学総長）の「次世代ディスプレイ技術ＯＬＥＤ研究プロジェクト」の成果にもとづいて設立されたハイテク企業である。

一九九六年に当研究プロジェクトが邱氏のもとで立ち上げられ、二〇〇一年に一部の研究者が研究成果を携えてスピンオフし、北京で維信諾科学技術有限公司を設立した。設立の翌年にはＯＬＥＤの試作品が完成した。ただし、北京の周辺では大きな工場用地がないため、地方で適切な用地を探す必要があった。そこで、啓迪控股は優れたビジネスセンスと高い交渉力によって、江蘇省昆山市政府を説得し、投資を受けることになった。

二〇〇三年に研究チームの主要メンバーは江蘇省昆山市にある啓迪控股のインキュベータに入居し、ＯＬＥＤディスプレイの量産技術の開発を開始した。量産技術の目処がついた二〇〇六年ごろ、昆山市の国有企業や清華控股の傘下の華控技術移転有限公司（ＴＬＯ）、ほか二社の共同出資で、崑山維信諾科学技術有限公司を設立し、崑山の国有企業が五二パーセントの株式、華控技術移転有限公司が三パーセントの株式を保有した。

その後、清華大学からの人材や技術を受けて、崑山維信諾科学技術有限公司は二〇一二年にＰＭＯＬＥＤ（Passive-Matrix OLED）出荷量において世界一となり、世界市場の三〇パーセントのシェアを持つ。

また、二〇一七年九月にフレキシブルＡＭＯＬＥＤ（Active-Matrix OLED）の量産を開始するため、第六世代ＡＭＯＬＥＤパネルの生産ラインを引き[6]、中国ＯＬＥＤ産業をリードしていくことを目指している。

ほかにも、清華大学は前述の「第二段階」から「第五段階」の支援プロセスを通じて、天津市政府との協力のもと、華海清科社（Hwatsing）を設立し、清華大学機械系の雒建斌院士が開発した半導体のCMP（化学的機械研磨）技術をベースに、一二インチ・ウェハプロセスに対して世界トップレベルの性能を持つCMP機械を量産している。

②学内の社会課題型スタートアップの支援

清華大学は、二〇一〇年から学内の社会的ニーズの解決に向けたスタートアップにも支援するようになった。このようなスタートアップは、初期段階では社会的ニーズを優先的に考えて製品やサービスを提供する。激しい競争に勝つために、起業者は母校の人材や技術などのリソースを利用し、技術優位性を構築しようとしている。この点では、中国の大学発スタートアップは一般のスタートアップと区別され、大学卒業生の吸収や大学の技術移転の促進という意味で、国から大きな期待が寄せられる。こうした学内の社会課題型スタートアップの支援プロセスは、以下のとおりである。


［第一段階］大学生や大学院生たちが研究チームを結成する。

［第二段階］結成されたチームは、啓迪控股と清華大学経済管理学院が共同でつくったX-Lab(7)に入居する。入居期間には、市場を分析しどのような製品を開発するかというポジショニングのほか、大学の教授、起業家、投資家からのメンタリングを受けて、ビジネスプランを

磨く。

［第三段階］有望な研究チームは、X-Labからエンジェルファンドの投資を受ける。または、X-Labが外部のエンジェルファンドを紹介する。

［第四段階］エンジェルファンドからの投資を受けて、優れたスタートアップは会社化し、啓迪控股のインキュベータに入居して、R&Dを継続する。

［第五段階］インキュベータからは、企業の財務管理知識、知財管理知識、政府の諸助成金の申請に関する研修、サポートを受ける。

［第六段階］とくに有望なスタートアップは、インキュベータから啓迪控股、清控資産管理集団のVCファンドおよび外部VCファンドの紹介を受ける。

［第七段階］VCファンドからの投資を受けてさらに成長したスタートアップは、インキュベータを「卒業」する。転出先は、スタートアップの業種によって、生産環境が整っている地域か、または関連産業を招致する地域のサイエンスパークである。

［第八段階］大きな工場を建設しようとする段階、または企業が地域展開・全国展開を図る段階では、戦略投資資本やPE資本を受け入れる。この段階では、スタートアップの製品やサービスが清華控股の戦略方針に適合した場合、清華控股や他の傘下グループ企業が大きな資金投入をし、筆頭株主になる。清華控股の戦略方針に合わない場合、完全な外部企業となる。

啓迪控股の本社ビル（周少丹撮影）

二〇一三年まで、学内の社会課題型スタートアップ支援は、右の「第一段階」および「第四段階」から「第八段階」のプロセスしかなかった。つまり、起業者たちは卒業後、ある程度の資金力と相当な技術力がなければ、「第四段階」に入れなかった。しかし、二〇一三年以降、X-Labというスタートアップ支援プラットフォームが設立されてからは、学生は資金力がなくとも、アイディアと技術があれば、X-Labで「第二段階」や「第三段階」に示されているような成長が可能となった。

〈中文在線（ChineseAll.com）〉

清華大学学生である童之磊氏は、二〇〇〇年にオンライン書籍を提供するスタートアップを創業し、清華大学サイエンスパーク（啓迪控股）のインキュベータに入居した。インキュベータでは、テナント代の優遇、税金の減免、および財務管理、投資ファンドの紹介などの支援を受けた。中文在線の主要投資者は清華大学サイエンスパークから紹介された。

二〇〇七年に清華大学サイエンスパークがはじめた「ダイヤモンド計画」[8]の資金を受けて急成長を遂げ、二〇一五年に深圳証券取引所の創業板で上場した。現在、三・八億のオンライン読者、三七〇万以上のオンライン・ライターと二〇〇〇名以上の有名ライターを抱える、中国最大のオンライン書籍・出版企業となった。

中文在線は二〇〇〇年創業のため、「第二段階」および「第三段階」の支援はまだなかったが、いまでは非常に大きな企業になっている。一方、二〇一三年から支援されたスタートアップは、まだ年数が短いため、大成功した企業が少ない。将来的には、数多くのユニコーンや上場企業の誕生が期待されている。

③外部のアイディア・技術に対するスタートアップの支援

清華大学は社会貢献の一環として、外部の優秀な技術や中小企業をサイエンスパークに招き、成長させることもある。支援のプロセスとして、啓迪控股は外部の優秀なスタートアップをインキュベータに紹介し、起業家および投資家からの相談を受けさせ、ビジネスプランを磨く。その後、前述の「②学内の社会課題型スタートアップの支援」で紹介した「第四段階」から「第八段階」の順で支援する。


〈商湯科技（SenseTime）〉

上海交通大学とその修士課程を修了した徐立氏は、香港中文大学の博士課程に入学した。二〇一四年に研究室の技術をベースに商湯科技（SenseTime）を設立すると、清華大学サイエンスパークに誘致された。そして、清華大学でＡＩを学んだ学生とともに、コンピュータビジョンのＲ＆Ｄに注力した。

二〇一五年に商湯科技は「ダイヤモンド計画」にも選出され、清華大学サイエンスパークや銀行から巨額の投資を受けている。

図５－２　清華大学のスタートアップ支援の仕組み

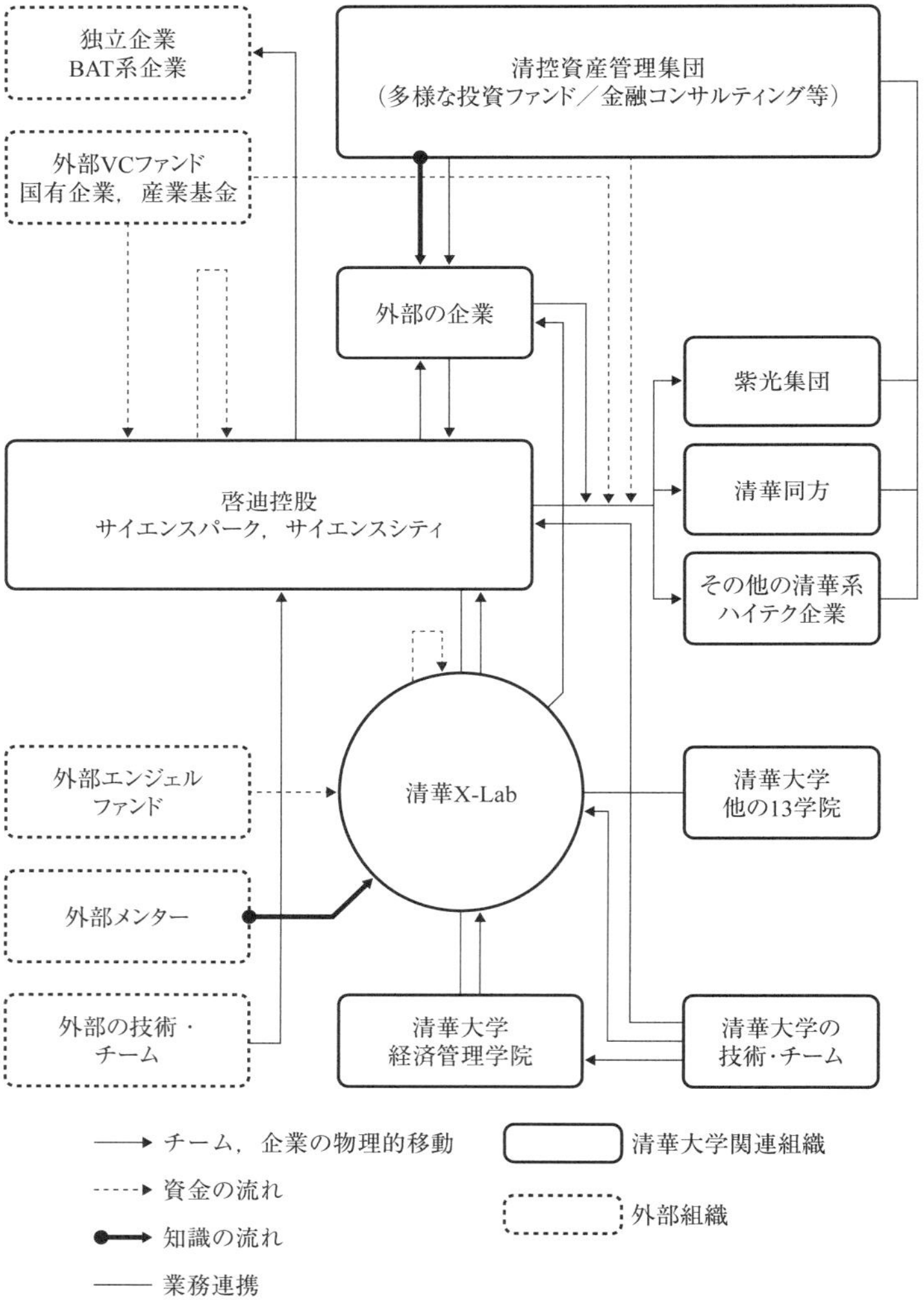


出所：インタビュー調査と各種資料にもとづいて筆者作成。

その後、「ダイヤモンド計画」の呼び水効果で、二〇一六年四月にシリーズAでStarVCから一〇〇〇万米ドル、七月にシリーズBでCDHやSaling Capitalなどの一六のベンチャーファンドから四・一億米ドル、一一月にシリーズCでアリババから一五億元、二〇一八年九月にソフトバンクから一〇億米ドルの投資を受けて、人工知能領域で最も注目されるユニコーンとなった。

以上を踏まえ、清華大学のスタートアップ支援の三パターンの仕組みについて整理したのが図5-2である。

## 三　大学の役割

近年、中国の大学は教育機能、研究機能、研究成果の産業への橋渡し機能に加えて、スタートアップ支援機能にも取り組んでいる。スタートアップ支援は、一見すると大学における第四の機能のように見えるかもしれないが、実際には既存の研究成果の橋渡し機能と教育機能の融合である。前節で述べた清華大学の例からわかるように、「②学内の社会課題型スタートアップの支援」の「第二段階」および「第三段階」は大学教育部門、また、「第四段階」から「第八段階」は従来の研究成果の橋渡し担当部門（企業）が実施している。そうしたことから、大学の役割は以下のように三つに整理することができるだろう。

## （1）起業教育機能

二〇一五年以降、「大衆創業、万衆創新」政策のもとで数多くの大学には創業学院が設置された。創業学院は一般の学部と異なり、実質的には全学向けのスタートアップ教育プログラムである。

スタートアップ・チームが結成される前に、大学はスタートアップに関する基本的な知識を伝え、起業意識の向上よりも、起業にあたってどのようなリスクがあるかを教える。すなわち、知識普及段階の教育である。

次の段階では、スタートアップのリスクを十分に理解したうえで、それでもチャレンジしてみたい学生がいれば、スタートアップのシミュレーションを通じて、起業のための教育を行なう。学生はチームを結成したうえで、ビジネスプランを作成し、メンターに審査してもらうという、実験段階の教育に入る。

さらに、教育プログラムでビジネスプランが練り上げられた学生チームに対して、エンジェルファンドからの少額資金（五万から一〇万元程度）を投入し、学生の身分のままで起業させる。うまくいけば、外部のＶＣを紹介したり、大学のインキュベータに推薦したりする。失敗した場合、チームを解散することになるが、資金を返済する必要はない。

起業教育の目的は、学生たちに起業の知識を教授し、そのリスクを体験させることにある。たとえ、大学での起業が失敗しても、普通の就職には影響がないというメリットがある。

## （2）インキュベータ機能とシグナリング機能

スタートアップが成長するためには、マネジメント知識や財務知識、知財知識、資金などが必要となる。また、アイディアを製品化する過程では、多様な専門知識や技術が必要とされる。大学傘下企業は、企業育成のための知識の蓄積や、大学の研究室に容易にアクセスできるというメリットを活かして、インキュベータ機能を発揮する。

外部のエンジェルファンドやVCファンドは二〇一三年以降に急増したため、投資ファンドにおける技術の目利きが不足している。技術を持ったスタートアップがどこにあるのか、その技術は本当に優れているのか、スタートアップのチーム・マネジメント能力はどうなっているのか、ということを判断することは難しい。

そのため、大学のインキュベータの選別能力が高いのであれば、あるスタートアップが大学のインキュベータに入居するということは、そのスタートアップが優れているという証明になる。

さらに、一〇〇分の一の合格率を誇る啓迪控股のダイヤモンド計画に選ばれたスタートアップとなれば、投資ファンドは安心して投資を決定することができる。

## （3）投資機能による産業へのアクセス

大学が企業に投資して収益を上げることができれば、それが大学の教育や研究も支えることになり、大学自体の発展にとって好循環が起こることになる。また、資本投資を通じて大学＝企業間のコミュニケーションが生まれれば、大学は産業側がどんな技術や人材を必要としているのかというニーズを常に把握することができるようになる。

その結果、産業側のニーズに合わせて、課題解決型のR&Dの布石と人材育成のカリキュラムを編成することができるようになれば、大学＝企業間の技術と人材の流動性が高まり、国全体のイノベーション力の向上を期待することができる。

## おわりに

本章で述べてきたように、二〇一五年以降の「大衆創業、万衆創新」政策を受けて、清華大学をはじめとした中国のトップ大学は起業を通じたイノベーションを生み出すために、さまざまな支援をするようになった。大学では研究成果の橋渡しシステムと大学教育がうまく融合し、ユニークなスタートアップ支援の仕組みが形成されはじめている。

この仕組みの最大の特徴は、大学や産業にかかわるスタートアップのすべての要素を大学組織内に取り込み、高度な垂直統合を行なっていることである。そこでは大学のインキュベータがハブとなって、国の優遇政策を利用するとともに、地方政府や産業とのつながりも強化し、スタートアップ・エコシステムの中核となっている。大学のインキュベータは、スタートアップに各種サービスを提供するほか、入居企業に優れたスタートアップであるというお墨付きをあたえる一方で、センターはスタートアップの一定の株式（普通は一〇パーセント以下）を所有する。大学のインキュベータは保有する株式をベンチャーファンドなどに売却して収益を得ることができれば、国からの支援がなくても持続的にスタートアップ支援を行なうことができる仕組みが完成する。

このように大学は、グループ企業、技術、人材の育成、さまざまなファンド（エンジェルファンド、VCファンド、戦略投資ファンドなど）といった異なる要素を同一の組織内に置くこと（垂直統合）で、それらの情報がより自由かつ円滑に流れ、取引費用も発生せずに迅速に反応できるメリットを生んでいるのである。そして、このスタートアップ・エコシステムを通じて、大学の研究者や学生が産業界とコミュニケーションを行なう場がつくられ、出口志向のR＆D人材を育成することが可能となる。こうした人材が、企業にとっては即戦力になることも期待されている。

註　記

（1）寄華控股社の年次報告書（二〇一六年）（http://www.thholding.com.cn/2016/0713/2016nianbao.pdf 二〇一九年一月にアクセス）。

（2）「科学技術サービス企業」は日本で馴染みのない用語だが、中国では産学研連携を軸に、研究成果の橋渡しの促進やスタートアップ支援など、政府の支援業務を事業化した企業のことを指す。

（3）欧米ではベンチャーファンドの一種として位置づけられているが、中国では投資を通じて企業の構造改革を狙うベンチャーファンドを「産業投資ファンド」と呼ぶ。

（4）誰が管理権を握るかを議論したうえで、将来的に管理権を握る主体が試作品費用を負担するケースが多い。たとえば、清華大学が国のニーズに合わせてハイテク企業を創業する場合、清華大学もしくは清華控股が試作品費用を負担する。地方政府の要望で地方産業を振興する場合は、主に地方国有企業が試作品費用を負担する。

（5）「院士」は中国科学院院士と工程院院士の略語で、前者はサイエンス領域、後者はエンジニアリング領域の最高名誉称号であり、欧米のアカデミシャンに相当する。

（6）Qichacha.com が提供する維信諾社の企業情報（http://www.qichacha.com/firm_8e641955effe519092a94cb113f8ab4.html、二〇一九年一月にアクセス）。

（7）X-Lab は二〇一三年に設置された清華大学のスタートアップ教育プラットフォームであり、学内の学生やＯＢに向けて無料でスタートアップ教育プログラムを提供している。

（8）二〇〇七年にはじまった「ダイヤモンド計画」とは、清華大学サイエンスパークが毎年、四〇〇以上のスタートアップから選出された上位一〇社に対し、五年間で総額七五億元の資金支援を行なうプログラムである。その原資は清華大学サイエンスパークが二億元、中信銀行と交通銀行、民生銀行、浦発銀行、北京銀行等のパートナーが残りを出資する。二〇一五年の選出企業一〇社のうち九社が生き残り、うち七社は上場して、残り二社はアリババと太極計算機社に買収された。この成果には、「ダイヤモンド計画」の目利き効果が大きな役割を果たしている。

## 参考文献

〔日本語文献〕

株式会社ドリームインキュベータ（ＤＩ）（二〇一七）「10兆円に迫る中国ベンチャー投資、資金はどこから？」（JBPRESS [http://jbpress.ismedia.jp/articles/-/50572?page = 5]、二〇一八年一月三一日閲覧）。

金花（二〇一四）『中国における産学官連携とハイテク産業の創出』一橋大学博士論文。

角南篤（二〇〇四）「中国の産学研『合作』と大学企業（校弁企業）」RIETI Discussion Paper Series。

三森八重子（二〇一〇）「国立大学法人における産学連携活動の成功要因の質的・量的分析」『研究技術計画』二五巻三・四号：二四二～二六二頁。

〔英語文献〕

Fortune, "The Unicorn List" (http://fortune.com/unicorns/、二〇一九年一月三一日閲覧).

World Intellectual Property Organization, “Statistical Country Profiles: China”（http://www.wipo.int/ipstats/en/statistics/country_profile/profile.jsp?code = CN、二〇一九年一月三一日閲覧）.

The World University Rankings, “World University Rankings 2019”（https://www.timeshighereducation.com/world-university-rankings/2019/world-ranking#!/page/0/length/25/sort_by/rank/sort_order/asc/cols/stats、二〇一九年一月二一日閲覧）.

〔中国語文献〕

東方財富 Choice 数据（二〇一六）「扒一扒〝高校系〟A股上市公司、你的母校持有哪家公司？」（https://xueqiu.com/1474197611/78091023、二〇一九年一月三一日閲覧）。

国務院弁公庁（二〇〇一）『関于北京大学清華大学規範校弁企業管理体制試点指導意見』北京：国務院弁公庁。

啓迪之星（二〇一四）『高校科技企業治理機制再探析』北京：啓迪之星。

中国国家統計局（各年版）National Data（http://data.stats.gov.cn/easyquery.htm?cn = C01、二〇一九年一月三一日閲覧）。

中国国務院弁公庁（二〇一五）「国務院弁公庁関于発展衆創空間推進大衆創新創業的指導意見」（http://www.gov.cn/zhengce/content/2015-03/11/content_9519.htm、二〇一九年一月三一日閲覧）。

## 【コラム⑥】日本のエコシステムとディープテック

日本のエコシステムが充実してきている。二〇一八年度のスタートアップへの投資額は約三五〇〇億円と、五年前の八倍強に達し、過去一〇年間で最高となった。近年ＩＣＴ（情報通信技術）・サービス領域は、フリマアプリのメルカリがユニコーンとしてＩＰＯ（新規株式公開）したことや、多くのシリアル・アントレプレナー（連続起業家）の存在が注目を浴びるなど、同領域のエコシステムは成熟しつつあるといえる。

そして、創薬や医療機器、ロボット、デバイス、素材といった、いわゆるディープテック領域においても、サイバーダインやペプチドリームといった大学発スタートアップの成功事例の出現により、この領域に注目する起業家や投資家が急増している。意欲的な若手の研究者による創業も増えてきており、最近では東京大学のなかでもトップクラスの学生が起業というキャリアを選択しはじめている。この領域のＶＣ（ベンチャーキャピタル）は、五年前には数社しか存在しなかったが、ここ数年で約二〇社、総額一一〇〇億円超のファンドが新設された。一方で、ディープテック領域には、解決しなければいけない課題も依然として多数残されている。まず、業界経験と高い専門性が求められるため、創業初期の人材不足が大きな課題となっている。また、実用化までに長期かつ多額の資金を要するため、この領域のＶＣが増えたとはいえ、資金需要に対するリスクマネーはまだまだ不足している。

こういった課題に対し、今後ディープテック領域に対する積極的な投資に加え、経営者・専門家人材の育成・供給を行なう人材サービスや、研究者の創業を後押しするアクセラレーション・プログラム、バイオ系向けのシェアラボなどが、エコシステムの機能としてますます必要とされるであろう。

これらの取り組みをわれわれのような民間企業が主体となって、政府とともに、スタートアップの創業と成長を促す環境を総合的に整備していく必要がある。エコシステムの機能がさらに充実することで、起業家がいっそう成功しやすくなることを期待している。

（伊藤　毅）

# 第6章　オープンソースとマスイノベーション

## メイカー向けハードウェア・スタートアップの事例

高須　正和

### はじめに

二〇一二年以降、中国の深圳を中心にアジア各地でハードウェア・スタートアップが続々と現われるようになった。深圳のシード（Seeed）やM5Stack、メイクブロック（Makeblock）、上海のDFRobot、マレーシアのCytron、タイのGravitech Thailandなど、「メイカー向け」と呼ばれる市場でつぎつぎと、オープンソースのハードウェアを主流にしたスタートアップが登場している。メイカーとは、個人や小チームでのＤＩＹからはじまるものづくりを行なう人たちで、大規模製造業としての「メーカー」と区別して「メイカー」と表記される。本章では、アメリカ西海岸を中心に、ソフトウェアについてのイノベーションとしてはじまったオープンソース運動がハードウェアにおよび、さらに、なぜアジアの起業に繋がったかについて考察する。

二〇〇五年以降、ドロップボックス（Dropbox）やエアビーアンドビー（Airbnb）、スラック（Slack）

など、世界のインフラになりえる巨大インターネット企業がアメリカ西海岸で続々と登場しはじめた。アメリカ西海岸は起業のゆりかごで、古くはＨＰやアップル（Apple）から近年のグーグル（Google）など、ガレージから世界的な大企業になる事例が多く出てきているが、二〇〇五年以降の企業はスタートから大きくなるまでの速度（ここではスケーリングと呼ぶ）がそれ以前の企業と違っている。

たとえば、グーグルは一九九八年創業で二〇〇四年にＩＰＯ（新規株式公開）を果たし急成長したが、ほかにも二〇〇四年創業のフェイスブック（Facebook）や二〇〇八年創業のエアビーアンドビーなど、急成長した企業の数は増えている。二〇一六年時のエアビーアンドビーの時価総額は三〇兆円以上といわれており、数年で世界的なサービスに成長した。

こうした、社会的インパクトを与えうる規模の前例のない新サービスをさまざまな新興企業が続々と立ち上げることを、本章では「マスイノベーション」と呼ぶ。二〇〇五年以降にマスイノベーションの時代が到来したことは、それまでイノベーションの阻害要因となっていた初期開発費の大きさが解消され、従来のプランニング主導の開発方式から、プロトタイプ主導の開発方式にシフトしたことによる。ソフトウェア（ウェブ・サービス）企業でみられたマスイノベーションの時代は、二〇一二年以降ハードウェア企業にもおよびつつあり、冒頭にあげたアジア新興企業の勃興につながった。

本章では、三つに分けてこの現象を分析する。まず、プランニング主導とプロトタイプ主導の違いや、開発費とスケーリング方式の変化について説明する（第一節）。つぎに、ソフトウェア開発とハードウェア開発の相違点や、現状の課題を述べる（第二節）。最後に、オープンソース化によってもたらされた新しい市場を示してみたい（第三節）。

## 一　事業開発とスケーリング方式の変化

### （1）プランニング主導の限界

冒頭で列挙したドロップボックスやエアビーアンドビー、さらにはツイッター（Twitter）やインスタグラム（Instagram）などのソフトウェア・サービスは、多くが一定のユーザー層を集めることでサービスの魅力を発揮できるため、事前の予測が難しいタイプのビジネスといえる。ホテルの代替という意味で、既存のサービスに近い民泊サービスのエアビーアンドビーも、現在のサービス形態になるまでに何度もサービスのかたちを変更している（ギャラガー 二〇一七）。事業プロトタイプを繰り返し、ピボット（既存リソースを生かした事業目的の変更）が多いことは、マスイノベーションの時代のスタートアップの特徴である。

サービスの構築に多額の資金を必要とする場合、事業の見通しや投資額の回収、事業そのものの構築スケジュールにいたるまで綿密な計画と審査が求められる。ところが、綿密な審査に多くのプロセスを費やし、成功の確率を上げようとするほど、事業そのものがそのときの主流のものや、成功パターンが確立されたものなど、既存事業の後追いに近くなるジレンマが生じる。また、成功パターンが確立された有望な事業には多くの競合が発生し、コスト勝負になることも多い。そのため、必要コストの高い先進国では、プランニング主導の事業立ち上げは成功の見込みが一般に薄くなる。

### （2）プロトタイプ主導モデルの成立

一方、立ち上げ前のプロセスを可能な限り省略し、プロトタイプ事業のなかからうまくいきそうなものをスケーリングさせていくやり方は、プランニング主導の弊害を回避することが可能になる。その結果、イノベーションを生み出す可能性も高くなる。ただし、このやり方の問題点は、事業そのものの成功／失敗の予測がつきにくく、結果として失敗する事業が増えることだ。しかし、後述する環境変化により、事業立ち上げのコストも劇的に引き下げられた。その結果、投資モデルが変化し、シリコンバレーを中心に、プロトタイプ主導のイノベーションが多数起こるマスイノベーションが可能になった。

シリコンバレーのスタートアップアクセラレータのなかでも有名なYコンビネータ（Y Combinator）では、ひとつの事業への出資が少額（七パーセント分の株式と引き換えに一二万ドル）な一方で、半年ごとに約五〇社という多くのスタートアップに投資している（ストロス 二〇一三）。このような投資スタイルは、少額での事業立ち上げが困難だった時代には採用されることがなかった。また、二〇一八年には、オンライン講座を通じて同時に一〇〇〇社超のスタートアップに支援するという、新しい取り組みにも挑戦している。

### （3）開発費とスケーリングの方式の変化

事業立ち上げのコストが劇的に下がったことで、マスイノベーションが可能となった。二〇〇〇年ごろから、それまで投資と専門性を備えた限られたプロフェッショナルだけが利用していた開発ツールやコミュニティへ誰でもアクセスできるようになったことで、R＆D（研究開発）が大衆化した。また、製品開発後の事業の大規模化でも大衆化が起こった。それまでは大企業のみが世界的なサイズのサービスをR&Dし、大規模化して提供することができたが、そうしたビジネス構造が変化し、ガレージから生まれた小チームが短期間で世界的なサービスを提供するという、多産多死の傾向が強まった。その結果、本章でマスイノベーションと呼ぶ状態が誕生した。

### ①オープンソースソフトによるR&Dの大衆化

R&Dの大衆化のおもな要因は、オープンソースソフトの普及と、オープンソースソフトを支えるコミュニティの存在である。それまでのソフトウェア開発・事業立ち上げは、数十万円から数百万円といった高額なソフトウェア開発環境とサーバーサイド・ソフトウェアを必要としたほか、後述するサーバーハードウェアの費用も合わせれば、総計数千万円におよぶ費用が事業の開発前に必要とされた。その結果、プランニング主導のR&Dにならざるをえなかった。

それに対し、GNU/Linuxなどのオープンソース・ソフトウェアは、一九九〇年代後半からのインターネットの普及によって開発者コミュニティが爆発的に拡大したことを背景に、さまざまな分野で商用ソフトを凌駕するほどの隆盛をもたらした。その結果、ソフトウェア開発・事業立ち上げに関するコスト構造を劇的に変化させた（グレアム、二〇〇五）。

とくにプログラミング言語、サーバーサイド・ソフトウェアといった「ソフトウェアを作り、動かすためのソフトウェア」においては、多くのソフトがオープンソースソフトに代替されていった。オープンソースソフトによるソフトウェア開発の大衆化がさらに多くの開発者を生み、さらなる開発者コミュニティの拡大をもたらすという好循環が生まれた。現在は、企業が開発したソフトウェア開発環境であったとしても、オープンソース化を行なうものが数多く存在する。

世界的な大企業も、オープンソースのソフトウェアをR＆Dにおいて使用している。ソフトウェアの開発環境については、スタートアップと大企業のあいだに違いはほとんどない。オープンソースソフトの開発そのものが、オンラインコミュニティ上でオープンに行なわれているため、情報へのアクセスやレビューについても大衆化されている。もちろん、幼稚園児が大学の講義を受けても理解できないように、情報にアクセスできることと使いこなせることは異なる。しかし、以前は所属する組織から起業などによって離れるとR＆Dの継続も難しくなっていたが、スキル次第でどこからでもR＆Dを行なうことができるのはマスイノベーションの大きな要因になっている（高須ほか 二〇一六）。

②オープンソースソフトによる大規模化（クラウドコンピューティング）の大衆化

前述のとおり、実際のソフトウェア開発・事業立ち上げ前に大量の資金調達が必要であったため、かつてはプロトタイプ主導の方法を採用することは難しかった。ソフトウェアを動かすサーバーや回線といった費用も、一九九〇年代までは事業の立ち上げ前に発生するかたちでビジネスを計画していた。

オープンソースのソフトウェアだけで「ソフトウェアを作り、動かすためのソフトウェア」を賄えるようになったことは、続いてクラウドコンピューティングの隆盛を生んだ。仮想化されたサーバー群を必要に応じて利用できるクラウドコンピューティングは、ソフトウェア開発／事業立ち上げ前に必要な費用を劇的に低下させ、プロトタイプ主導の投資モデルを後押しした。

初期投資不要で大規模コンピュータ環境を構築することができ、利用料についても従量課金制が当たり前となっているクラウドコンピューティングは、ウェブ・サービスにおけるマスイノベーションに不可欠な要素だ。しかし、独占的ソフトウェア上でクラウドサービスを提供する場合、クラウドの利用者も応分のライセンス負担が求められ、それは従量課金ではなく、利用開始前に必要となる。結果として、初期投資不要・従量課金というクラウドコンピューティングの利点が二つとも失われてしまい、オープンソース・ソフトウェアが普及するまで、クラウドコンピューティングは限られた大企業に対してサービスを提供するものとなった。しかし、オープンソース・ソフトウェアの隆盛によりスケーリングが大衆化され、マスイノベーションが可能な環境が整った（高須ほか 二〇一六）。

③スマートフォンによるコンピューティングの大衆化

スマートフォンはこれまでPCのみを前提にしたウェブ・サービスを、社会のより多くの場所に広げる役割を果たした。限られた人のものだったコンピューティングをより大衆化させ、さらにパーソナルコンピュータ（PC）を超えてユビキタスなものとした。スマートフォンの普及は、まさにコンピューティングの大衆化である。たとえば、「インターネット上に写真や文章などを公開する」といったことや、「移動中にデジタルの（紙でない）ニュースを読む」という行為は、スマートフォンの普及によって、より一般的なものになった。

スマートフォンは、多様なアプリケーションとクラウドコンピューティング環境へのアクセスを背景にしている。この二つは、アプリケーション開発の大衆化とクラウドコンピューティングを前提にした、サービス開発の大衆化という、どちらもオープンソース・ソフトウェアの普及によって生まれたものを背景にしている。スマートフォンの普及はウェブ・サービスを前提にしたビジネスの拡大を意味し、プロトタイプ先行、サービスイン先行で行なえるビジネスの幅を大きく広げた。

現在は、O2Oに近いような実社会の影響が大きいビジネスも、自己資金または小規模な資金調達で先にサービスインし、顧客を獲得した後で資金調達をすることが可能になっている。

④インターネットの普及によるマーケティングの変化

大規模なサービスの構築には、利用者を集めるためのマーケティングに多くの負荷がかかるため、事業の立ち上げや、その後のスケーリングの障害となっていた。事前にマーケティング予算を調達しなければならないようでは、少額の投資によるプロトタイプ主導のマスイノベーションは難しい。ところが、マスイノベーションにより多様なウェブ・サービスが生まれ、またスマートフォンが普及したことにより、二〇一〇年ごろからマスコミュニケーションとくらべてインターネットが主要なメディアとしての位置を獲得するようになった。指数関数的にクチコミを拡大することが可能なインターネットベースのマーケティングは、マスイノベーションを可能にする大きな要素となっている。

⑤マスイノベーションと投資モデルの変化

ソフトウェアの世界でスタートアップが多く登場したことにより、スタートアップ育成のためのエンジェル投資家やアクセラレータというビジネスも一般的なものになった。エンジェル投資家は、まだアイディアの段階で投資する。また、アクセラレータは、まだ新米起業家が持ってない財務知識や提携先なども紹介し、企業を成長の軌道に乗せて、投資の回収を図る。前述のYコンビネータは最初期のアクセラレータで、現在も世界を代表するところのひとつだ。冒頭であげたドロップボックスやエアビーアンドビーもYコンビネータの卒業生である。多産多死型のマスイノベーションでは、起業のきっかけになる程度の少額投資を、直感ベースで多くの起業に対して行なうというあり方に、投資のパラダイムが変化している。

## 二　ソフトウェア開発とハードウェア開発の違いと課題

### (1) ハードウェアのマスイノベーション「メイカームーブメント」

マスイノベーションを生むためのR&Dや大規模化、資金調達、マーケティングにおける環境変化は、オンラインのデジタルテクノロジーが大衆化したことによってもたらされた。クラウド上で動き、ソーシャルメディアで流通するソフトウェアベースのサービスとくらべると、ハードウェアは物理的な実態がある以上、ゼロ円にはならない。クラウドコンピューティングを用いたソフトウェアの大規模化にくらべ、ハードウェアの大量生産はR&Dと工場生産に長けた別の専用のスタッフなど、ソフトウェアにくらべて多くの専門化を必要とするほか、ハードウェアの販売はいまも販売店の存在が大きく、仲卸などとやりとりするスタッフも必要になる。

深圳にラボを置くアクセラレータHAXでプロトタイプ中のスタートアップ（高須正和撮影）

オープンソースとインターネットによってもたらされたR＆Dとプロモーションの大衆化や新しい投資モデルは、ハードウェアにも影響をもたらした。その結果、前述したハードウェア固有の問題があるためソフトウェアと同一とまではいえないものの、ハードウェアにおけるマスイノベーションとして、メイカームーブメントと呼ばれる動きも引き起こしている（アンダーセン 二〇一二）。

深圳に本社を置くシードは、世界のメイカームーブメントを牽引する存在である。同社はハードウェアにおけるイノベーションの大衆化について、図6－1のように考えている。数字は生産台数を表わしている。最下部の生産台数ゼロの階層は、アイディアだけを持つドリーマー（Dreamer）だ。このカテゴリーの開発者に対して、いまはインターネット上に多くの開発情報が存在する。ハードウェアにおいては、情報に加えて実際にそのとおり動作するオープンソースのキット（「初心者向けロボット製作キット」など）が提供されている。オープンソース化されているハードウェアでも、実際に部品リストどおりに自分が使用するものを揃えるのは煩雑でコストメリットもないため、キットを販売している。つまり、ハードウェアでは、他のキットとの連携を配慮したオープンソース化と、ビジネスとしてのキット販売は、決して矛盾するものではない。

メイカー（Maker）と定義されている階層は、大規模に販売するにはクオリティが不十分なものの、オリジナルのハードウェアを製作できる層のことである。そのため、まだ一にはいたらない〇・一という数字になっている。指示どおりに製作可能なキットにくらべ、自分のアイディアを実際のハードウェアとして具現化することには、多大な学習コストと設備が必要だった。しかし、オープンソースの汎用開発用マイコンボード（アルディーノ〔Arduino〕、ラズベリーパイ〔Raspberry Pi〕など）が普及したことに加え、汎用開発用マイコンボードについての情報もインターネット上で普及した。また、それらのツールの入手や習熟もオンラインで可能になり、オンラインコミュニティの支援も得られるようになったことで、アイディアから具現化までプロセスが大きく効率化された。

中央に位置するベテラン・メイカー（Veteran Maker）層は、量産は難しいが一つだけなら製品に近いクオリティで、みずからのアイディアを具現化できる層である。研究者や工学部の学生などがこれにあたる。電子回路・機能ベースで動作するものも、外装やサイズ、工作精度などを含めた製品レベルになるまでには多くのプロセスを要する。メイカームーブメント以後はここに３Ｄプリンタなどのデジタル工作機械が普及し、オープンソース化された工作機械の低価格化・より高性能化・ニーズに

図６－１　イノベーションの大衆化

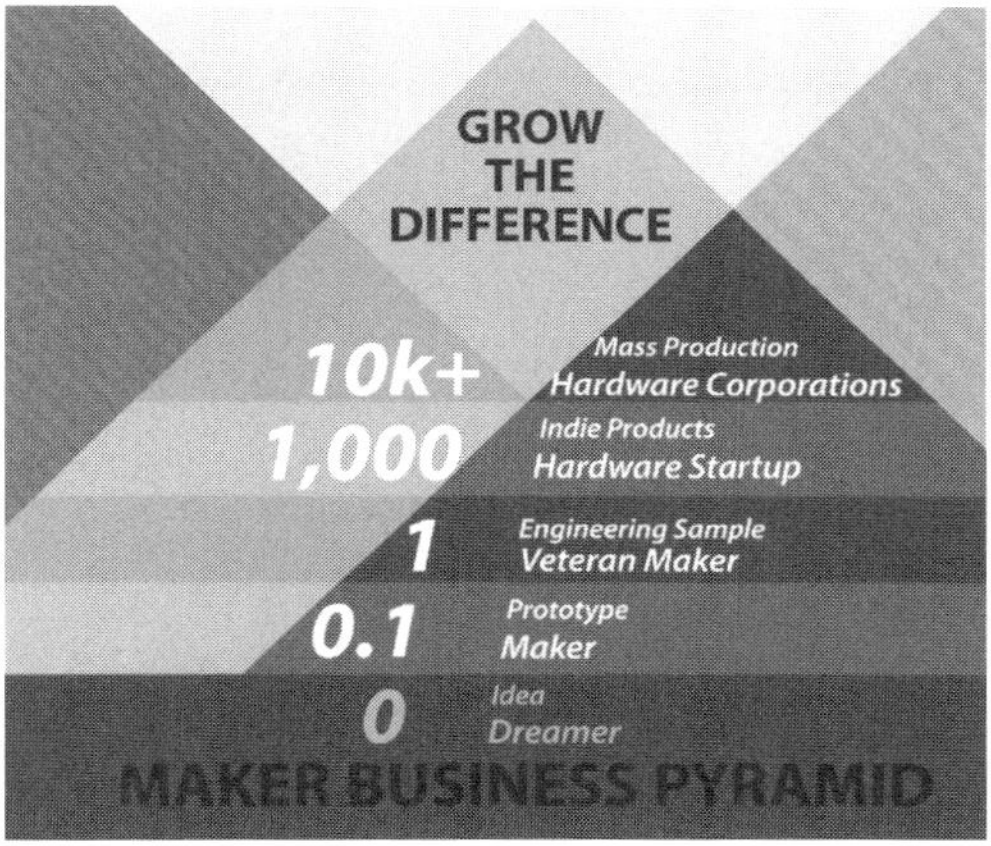


出所：シード提供。

合わせた多様化が進んでいる。また、個人では所有も使用も難しいこうした工作機械をシェアし、業務／趣味を問わずハードウェアを製作する人たちが物理的に集まることができる「メイカースペース」も多数存在している。このようなコミュニティへのアクセスが、学習とプロトタイプ作成や、フィードバックを受けて製品を洗練させていくことを効率化している（ガーシェンフェルド 二〇〇六）。

インディー・プロダクツ（Indie Products）とされているハードウェア・スタートアップは、メイカームーブメント以前にはなかったカテゴリーである。これは、ハードウェア界におけるマスイノベーションの象徴とされている。

現在でも、ハードウェア製品を量販店で販売しようと思えば、ソフトウェアの世界で起きているマスイノベーションの状況からはほど遠いが、数百から数千台程度の製造数であればオンラインでの販売が可能だ。ハードウェアは、「初期投資→製造→販売→資金回収」のサイクルがオンラインのソフトウェアにくらべてはるかに長く、資本力が必要なビジネスとなっていることがマスイノベーションの阻害要因になっている。しかし、インターネット上で出資を募り、予定数に達してから量産をして後日発送するクラウドファンディングの普及により、独自のハードウェア製品を作ることが大きく大衆化した。クラウドファンディングでの人気により資金調達の幅にも差が出てくるようになり、大成功した製品であれば一万個以上を量産するようなハードウェア企業を目指して、スケールアップしていくケースもみられる（高須ほか 二〇一六）。

## （２）オープンソース・ハードウェアがもたらしたＲ＆Ｄ環境の民主化

メイカームーブメントそのものは、要因というよりもあくまでも結果であり、ハードウェアの開発環境を大衆化した要因にはつぎの三つがあげられる。第一は情報共有を促進するオンライン・オフラインのコミュニティ、第二はデジタル工作ツールの普及、第三はオープンソース化されたハードウェアである。この三つはそれぞれ相互に補完しあって開発環境の大衆化をもたらした。

### ①情報共有を促進するオンラインのコミュニティ

ブログやソーシャルメディア、動画共有サイトなどの普及で、開発事例の共有が盛んに行なわれるようになった。それにともない、実際の工作物を見せあう「メイカーフェア」のようなイベントも盛んに開催されるようになり、地域や大学内などのモノづくり愛好会やメイカースペースのような活動も活性化した。それまで無縁だった人たちがハードウェアのＲ＆Ｄ、ひいては起業に目を向けたことや、それまでは挫折したであろう人たちがお互い刺激しあい、Ｒ＆Ｄを加速した効果は大きい。

また、主たる機能がインターネットのクラウド側にあり、最小限の接点としてハードウェアを使用するＩｏＴ（モノのインターネット）も、ハードウェアとソフトウェアのあいだの垣根を引き下げている。サービスのＲ＆Ｄを行なう際、ＩｏＴとしてのハードウェアを考慮しながら全体を企画開発することは常態となっており、ハードウェア開発のさらなる大衆化を促進している。

また、クラウドファンディングなどにより、こうしたコミュニティ活動が初期の資金調達のきっかけになっている。クラウドファンディングそのものは利益が出るような条件の良い調達につながらないが、まだ販売前のハードウェアの人気が可視化されることで、投資家からのより良い条件の出資にはつながっている。また、結果を事前に把握することで、ソフトウェア企業のような素早いピボットをハードウェアでも可能にする効果がある。

②デジタル工作ツールの普及

3DプリンタやCNC(コンピュータ数値制御)マシン、レーザーカッターなどのデジタル工作機械の普及も二〇一〇年ごろからはじまり、メイカームーブメントの要因となった。ムーブメントの象徴として扱われる3Dプリンタは、二〇〇五年に英バース大学のエイドリアン・ボイヤー博士がオープンソースの3Dプリンタ・プロジェクトであるRepLapを発表したことがきっかけだ。RepLapベースの3Dプリンタが世界各国で製作・販売され、また、そのフィードバックがプロジェクトにもたらされたことで急速に普及・発展した。3Dプリンタで物体を出力するために必要な三次元データを制作するCAD(コンピュータ支援設計)ソフトも、以前は産業用の高額で扱いづらいものが主流だったが、オープンソースや廉価版のものが登場し、利用者の急速な増加がさらなる新規参加を促している。また、こうしたデジタルツールの出力したデータそのものやデータの作り方をオンラインのコミュニティでシェアできることが、それまでのアナログの工作機械とは異なる広がりをもたらし、前述のコミュニティと相互作用をもたらした(田中 二〇一二)。

一方、利用者が大規模でも小規模でも同じようなソフトウェアが利用可能なウェブ・サービスとくらべて、ハードウェアでは、一〇個製造するのと一万個製造するのとでは、利用するツールがまったく異なる。大量生産する際の環境は製造する工場に依存し、多くはデジタル化されていない。コミュニティやオープンソースとの相性は悪く、ソフトウェアのムーブメントがハードウェアに移行する際の障害のひとつとなっている。

### ③オープンソース化されたハードウェア

オープンソース・ソフトウェアの普及により、オープンソース・ハードウェアという考え方が生まれた。オープンソース・ソフトウェアの場合は、ソースコードの公開がオープンと呼ばれる条件になる。ハードウェアについてはさまざまな定義があるが、回路図と構成する部品リスト、外装のＣＡＤデータを公開することでオープンソース・ハードウェアとする定義が一般的である。

オープンソース化されたハードウェアは、それぞれの事情に応じてカスタマイズする（たとえばサイズを変更し、別のものとして販売する）ことや、カスタマイズしたものを販売することができる。実際にはさまざまなオープンソースのライセンスがあり、非商用のみのものもある。前述の３Ｄプリンタ RepLapシリーズは、オープンソース・ハードウェアであることにより世界的に普及した。また、RepLapシリーズの制御用マイクロコントローラであるアルディーノも代表的なオープンソース・ハードウェアである。「アルディーノのオープンソース化→アルディーノを利用したRepLapの誕生→オープンソースであることによりRepLapがアルディーノコミュニティを巻き込んで普及」という流れは、オープンソースであることによって社会全体を巻き込んだ市場化と改善をもたらす。これは、オープンソース化による効果の典型例だ。

一方、オープンソース・ソフトウェアが開発環境と実行環境のほとんどをカバーしているのに対して、ハードウェアの場合、開発から大量生産、販売のあらゆる部分をオープンソース化することは難しい。ソフトウェアでは、たとえばフェイスブックのような大規模サービスであっても、オープンソースの言語と開発環境で開発され、また実行されている。ソフトウェアのソースコードはソフトウェアそのものだが、ハードウェアでは実際の製造が必要であり、製造の多くで工場の利用を必要とする。そして、その工場へのアクセスは限定されているため、ソフトウェアを開発し、実行するようにはいかない。

また、オープンソースのハードウェアであっても、マイクロチップや抵抗、コネクタなどの物理的な部材を必要とするし、部材のなかには加工のために工作機械も必要とする。しかし、工作機械へのアクセスはオープンになりえない。また、チップやコネクタについてはオープン化されていることもまだ多くはない。単純なものは見ればその構造が分かるためクローズにしにくく、一方で、工場でしか製造できないマイクロチップなどの場合はオープン化やコミュニティ化が難しいため、そもそもオープン化する意味がない（ファン 二〇一八）。そのため、ハードウェアのオープン化は、コミュニティを成立させることによって開発者や起業家を増やすことには貢献しているが、大量生産の大衆化にはそれほど効果がない。

## （3）大量生産に（多少の）オープン化をもたらしている深圳のエコシステム

ハードウェアであっても、R＆Dフェーズや数個から数百個といった少量の生産であれば、ソフトウェアのオープンソースに近い構造がみられる（表6－1）。一方で利益につながるような数万個以上の

表6－1　ハードウェアのマスイノベーションにおける課題

| | ソフトウェア開発 | ハードウェア開発 | 産　業 |
|---|---|---|---|
| 研究開発 | ・オープンソースのソフト<br>・パーソナルコンピュータ | ・オープンソースのハードウェア<br>・デジタル工作機 | ・デスクトップレベルの工作については，ソフト／ハードの違いが少なくなってきている。むしろ，IoTとして両方を境目なく開発する手法が一般的に。 |
| スケーリング（大規模化） | ・クラウドコンピューティング | ・EMS（製造請負企業）<br>・リテールショップ<br>・大量の運転資金 | ・小規模と大規模では，ハードウェアの場合販売チャネルが違い，手法も異なり、ソフトウェアとの違いが大きい。<br>・EMS企業の多くが深圳に拠点を置いており，生産手段へのアクセスに差がある。 |
| スタート時の資金調達 | ・アクセラレータ | ・アクセラレータ | ・ハードウェアのほうがスケール時に資金が必要。 |
| マーケティング | ・SNS<br>・コミュニティ | ・SNS<br>・コミュニティ<br>・リテールショップ | ・ハードウェアは，大規模になるほど実店舗とのつきあいがある。 |

出所：各種資料にもとづき筆者作成。

製造になると、オープンソース化の恩恵は薄くなる。

オンライン上のクラウドファンディングや、受注生産からでも製造をはじめられる一万個以下程度のハードウェア製造は、マスイノベーションの時代ににわかに注目を集めてきた。これは、従来の製造にはなかったカテゴリーである。大規模なハードウェア製造を行なう際は、小規模に行なう際にくらべて品質が向上し、また、価格が低下する。その裏返しとして、高価格で低品質を意味する小ロット生産に、多くのスタートアップが取り組むことになった。

オンラインのクラウドコンピューティング環境を使用すれば、ほぼ自社だけでスケーリング可能なソフトウェアとくらべ、ハードウェアはＥＭＳ企業や部品の卸業者なども含め、多くの関連企業／組織と協業していくことになる。そのため、企業が集積している深圳は地理的なメリットが大きく、世界各地のハードウェア・スタートアップがここに集まるようになっている。中国・深圳の周辺では、製造手段へのアクセスや大量生産に向けた部材、知財にアクセスしやすい（藤岡 二〇一七）。これまで述べてきたシリコンバレーのオープンソースとは違い、「生産手段そのものやそれに関する情報にアクセスしやすい場所に、企業の方が集まってくる」という状況だが、「生産手段や情報へのアクセスが可能になることで、これまで量産が難しかったスタートアップも量産を行なえる」という構造は、ソフトウェアにとってのクラウドコンピューティングと似た効果を実現している。

たとえば、チップセットのデータシートは通常、開発契約を結んだ大手の製造業者にのみ開示される。製造業者の多い中国では、製造業者向けにチップセットを卸す企業が、基本的な機能を実装済みの基板を販売することが多く。また、市場で一〇〇〇枚程度の小ロットから調達することも可能だ。このような実装済みの基板（中国で「公板（public board）」と呼ばれる）は、ＩＤＨ（Independent Design House）などが提供している。これにより、ソフトウェアのオープンソースとは成り立ちも哲学もまったく違うものの、参入障壁の引き下げを通じて似たような効果をハードウェアにももたらしている。また、「公板」を提供するＩＤＨは「公板」の流用も可能なため、ＩＤＨへの製品設計依頼はＲ＆Ｄの工数引き下げも可能となる（藤岡 二〇一七）。

ハードウェアは知財だけで成り立つ部分が少なく、部材や製造手段（工場）を必要とする。そのため、「公板」とＩＤＨの存在は、欧米的なオープンソースの概念とは異なるが、ハードウェア関係の企業に同様の効果をもたらすことで、事業を営むうえでのさまざまな敷居の引き下げに貢献している（ファン二〇一八）。このようなハードウェア製造とハードウェアのスタートアップの大衆化がもっとも進んでいるのは、深圳である。したがって、深圳以外（言語の壁を考えると中国以外）では引き続き、R＆Dフェーズは大衆化していたとしても、スケーリングの大衆化には依然高い壁が立ちはだかっている。

## 三　オープンソースによる大衆化が生み出した新たな市場

一方で、オープンソースの技術によって、ハードウェアの設計開発が一気に大衆化したことは、これまで存在しなかった新しい市場を生み出した。それは、ハードウェアを設計開発するためのハードウェアとその関連ビジネスや、ハードウェア開発を学ぶためのハードウェアとその関連ビジネスなどである。メイカームーブメント以前、ハードウェア開発は一部の専門家のためのものであり、また、ハードウェア開発を市場として展開するビジネスも小規模なものにとどまっていた。しかし現在は、ハードウェア開発の大衆化にともない、つぎのようなさまざまなプレイヤーが登場してきている。

一、ハードウェアを設計開発するためのハードウェア
二、ハードウェアを設計開発するための関連ビジネス
三、ハードウェア開発を学ぶためのハードウェア
四、ハードウェア開発を学ぶための関連ビジネス

以下では、これらを順に説明していく。

### （1）ハードウェアを設計開発するためのハードウェア

いま、ハードウェアを設計開発するためのハードウェアが増えている。イタリアのアルディーノや英国のラズベリーパイなどの開発用マイコンボードは、高校以上における教育やスタートアップのR＆Dのために広く使われている。また、米国のMakerBotなどの３Dプリンタや、デジタル工作機械もこの分野に含まれる。R＆Dの大衆化以前における工作機械は、産業用機器として限られた市場しかなかったが、大衆化以後は従来と異なるプレイヤーが、大衆に近い新しい市場に向けて多様な機器を開発することになった。今では日本の家電量販店でも、３Dプリンタが売られているが、そうした機器のほとんどは、企業向けの産業用ロボット・メーカーとは別の企業によって開発・製造されている。

前述のアルディーノなどはアジア以外で開発されたものだが、このカテゴリーは近年、アジアのスタートアップからの参入が相次いでいる。たとえば、ロボットアームのDobot（中国・深圳）や、マイコンボードのCytron（マレーシア）とDFRobot（中国・上海）、M5Stack（同深圳）など、多くのプレイヤーが登場している。

開発用のハードウェアはコンシューマー向けのハードウェアとくらべて、ユーザーの技術的なリテラシが高いため、コンシューマー・エレクトロニクスよりもサポートや流通のためのコストを引き下げたり、SNSベースのマーケティングを多用しやすい。また、マイコンボードは、その他のコンシューマー・エレクトロニクスとくらべて外装などが不要なため、小企業でも需要に応じた柔軟な量産が可能となり、その結果、スタートアップにとっても参入障壁が低くなるというメリットがある。ソフトウェアにおけるクラウドコンピューティング同様、柔軟な規模拡大はスタートアップにとってありがたい要素である。同じハードウェアでも開発用ハードウェアを対象にしたビジネスは、コンシューマー・エレクトロニクスよりもソフトウェアに近いビジネス展開が可能なため、この分野におけるアジアのスタートアップは今後も登場してくると考えられる。

### (2) ハードウェアを設計開発するための関連ビジネス

市場の拡大にともない、ハードウェアの設計開発を支援するビジネスも拡大しつつある。この分野もかつては業務用中心の限られた企業のみが活動する市場であったが、いまは多くのスタートアップが登場するものに変容している。

これまで何度か紹介してきたシードのような企業がアジア全体で増えつづけている。たとえばＰＣＢ（電子回路基板）の製造支援では、Elecrow（中国・深圳）、PCBWay（同深圳）、PCBOne（同杭州）といった中国勢が目立つ。製造支援サービスは自社工場や提携先の工場が必要なわけだが、それらは深圳にあることが多いため、中国のスタートアップに優位性がある。しかし、前述のマレーシアのCytronも自社工場を備えて製造支援サービスを手がけているほか、タイのGravitechや日本のピーバンドットコムなども個人向けのサービスを行なっている。ピーバンドットコムは二〇一七年三月に、日本のマザーズに上場を果たした。また、スイスと中国の合弁スタートアップSwie.ioは、ＡＩを用いてＰＣＢＡ製造をオンラインで受注することで、製造を効率化するシステムを開発している。

## （3）ハードウェア開発を学ぶためのハードウェア

メイカームーブメントと同調して起こったＩｏＴのムーブメントにより、ハードウェアとソフトウェアを併せて開発することが大衆化したため、その教育も非常に盛んになっている。英国ＢＢＣが全国の小学生に配布したMicro:Bitなど、教育用ハードウェアの開発も世界的に活発に行なわれており、そこでは多くのスタートアップが活躍している。日本では二〇二〇年までにプログラミング教育の義務化が発表されたほか、アジア各国でもＳＴＥＭ（科学・技術・工学・数学）教育と呼ばれる理数系教育の強化が叫ばれ、大きな市場が誕生しつつある。

これまで紹介してきた中国のDFRobotやシード、M5Stack、マレーシアのCytronも教育用ハードウェアを展開しているほか、メイクブロック（中国・深圳）やIchigoJam（日本）などアジア各地の多くのスタートアップが教育向けの市場に参入している。タイのGravitechは、ＩｏＴ教育のためのハードウェアKidBrightを、タイ政府と協力して二〇万台製造している。

## （4）ハードウェア開発を学ぶための関連ビジネス

CoderDojoやプログラミングクラブといった教育関連の活動も高まってきている。この教育分野は各国の事情を反映する必要があり、外資系企業の参入が難しい。一方で、伝統的な教育産業がカバーすることも難しいため、今後もスタートアップの活躍が予想される。現在はまだ前項で述べた教育用ハードウェアを製造販売するビジネスが中心で、ハードウェアの販売のために教師などのサービス業のプレイヤーと連携することが多い。そのようななかで、深圳のシードは柴火創客文化傳播有限公司（Chaihuo

Maker Culture Communication Co., Ltd）という別会社を立ち上げ、積極的に教育カリキュラムの開発をはじめる例も出てきた。

## おわりに

これまで紹介してきたように、オープンソース化にともなう開発プロセスの変化や、R＆Dの大衆化が、プランニング主導ではなくプロトタイプ主導の投資モデルを生んだ。そして、まずはシリコンバレーのソフトウェア・スタートアップを中心に、マスイノベーションと呼ばれる多産多死の時代をもたらした。それがハードウェアに波及し、「メイカームーブメント」につながった。ハードウェアのR＆Dでもプランニング主導のマスイノベーションが増えつつある。

一方、R＆Dフェーズ以降のスケーリングについては、ソフトウェアとくらべてハードウェアは依然として課題も多い。そのため、グーグルやフェイスブックといったソフトウェア界の急成長企業とくらべると、ハードウェア・スタートアップの存在感はまだ小さい。大規模なハードウェア製造への環境が整っている深圳とその周辺でDJIなど少数の急成長企業がみられる程度で、ハードウェア・スタートアップの大規模化は依然大衆化していない。今後も大成功するハードウェア・スタートアップは中国を中心にいくつも出てくるだろうが、ソフトウェア界のスタートアップの存在感にくらべると、大企業のアドバンテージも続き、数年はまだ「さほど今と変わらない」状態が続くだろう。

とはいえ、ハードウェアR&Dの大衆化によって、R&D市場・教育市場が近年急速に拡大したことは面白い現象だ。これらは新しい市場であり、また各国の事情を反映していることもあり、アジア各国で多くのスタートアップが参入している。教育・研究開発市場は急速に発展していることに加え、アジア各国政府によるプログラミング教育や電子回路教育、ロボット教育、そして起業支援などへのサポートも日々熱を増していることから、これからも多くのスタートアップが登場してくると考えられる。

## 参考文献


アンダーセン、クリス(二〇一二)『MAKERS――21世紀の産業革命が始まる』関美和訳、NHK出版。

ガーシェンフェルド、ニール(二〇〇六)『ものづくり革命――パーソナル・ファブリケーションの夜明け』糸川洋訳、ソフトバンククリエイティブ。

ギャラガー、リー(二〇一七)『Airbnb Story――大胆なアイデアを生み、困難を乗り越え、超人気サービスをつくる方法』関美和訳、日経BP社。

グレアム、ポール(二〇〇五)『ハッカーと画家――コンピュータ時代の創造者たち』川合史朗訳、オーム社。

ストロス、ランダル(二〇一三)『Yコンビネーター――シリコンバレー最強のスタートアップ養成スクール』滑川海彦・高橋信夫訳、日経BP社。

高須正和+ニコニコ技術部深圳観察会編(二〇一六)『メイカーズのエコシステム――新しいものづくりがとまらない。』インプレスR&D。

田中浩也(二〇一二)『FabLife――デジタルファブリケーションから生まれる「つくりかたの未来」』オライリージャパン。

ファン、アンドリュー“バニー”(二〇一八)『ハードウェアハッカー――新しいモノをつくる破壊と創造の冒険』山形浩生監修/高須正和訳、技術評論社。

藤岡淳一（二〇一七）『「ハードウェアのシリコンバレー深セン」に学ぶ——これからの製造のトレンドとエコシステム』インプレスR&D。

## 【コラム⑦】スタートアップ・コミュニティにおける成功者の役割

アントレプレナーは「群生的に出現する」と、ヨーゼフ・シュンペータは『経済発展の理論』で述べた。企業家を囲む環境は彼らの成功に影響を与えるが、望ましい環境をつくるときに、成功経験のある先人の役割は大きい。

熾烈な競争社会といわれる米国においてすら、起業に成功し財を成した者が、後進の人びとへの投資のみならず、彼らにアドバイスを与えたり、メンターとなったり、非金銭的な支援を行なうことがある。そこには計算も当然あるだろうが、同時に後進の育成にひと肌脱ぎたい、自分の成功を社会に還元したいという純粋な思いが、程度の差はあれ、その動機となっている。このような利他的な発想と行動が、米国のスタートアップ・コミュニティの基底にある。

日本でも、同じようなことは過去にもあったが、とくに昨今、ＩＣＴ（情報通信技術）分野を中心に、成功経験をもつアントレプレナーが増えたのにともない、彼・彼女らが成功のバトンを後進に渡そうという活動が散見されるようになった。たとえば、ＣＡＭＰＦＩＲＥを設立した家入一真氏は、みずからがシリアル・アントレプレナー（複数回の創業経験をもつアントレプレナー）である一方、エンジェル投資家としての顔をもち、後進のメンターも務めている。コロプラの創業者の千葉功太郎氏も後進の育成のための千葉道場を開きつつ、みずからがファンドを持ち、投資も行なっている。彼らのような成功者が自身の経験を積極的に後進と共有し支援することによって、新たな成功者が生まれ、さらに彼・彼女らが後進を育てるという好循環ができてくると、アントレプレナーの群生も加速するであろう。

余剰資源を持つ者がそれをどのように使うかが、その社会の行く末を決定する。第四次ベンチャーブームといわれる昨今、それが定着するかどうかは、このような成功者の行動によるところがあるのではないか。

（福嶋　路）

# 第7章　シェアリング・エコノミー

## 中国の事例

丸川　知雄

## はじめに

近年、アジアで新規の起業が相次ぎ、ユニコーンを輩出している分野として「シェアリング・エコノミー」が注目されている。もっとも、それはひとつの分野として確立しているわけではなく、国によって、また論者によって定義が異なっているのが現状である。というのも、シェアリング・エコノミーは何らかの新しい現象を客観的に定義するために生まれた概念というよりも、各論者が理想とする新たなライフスタイルや産業のあり方を指すために生み出された言葉であるため、それぞれの定義には各人の理想が反映されているからである。各人の理想が異なる以上、定義についてコンセンサスに達することも難しい。

学問的に厳密な議論を行なうためには、理想を負荷された言葉を避けてより客観的な用語を使うこともひとつの考え方ではあろう。ただ、シェアリングの理想に触発されて今後も新たなサービスが生まれる趨勢のなか、既存のサービスをもとに概念の線引きをしてしまうと、新たな動きを捉え損ねる恐れがある。本章では特定の理想に肩入れせずにゆるやかにシェアリング・エコノミーを定義し、中国におけるその具体的な展開をみていくことにする。中国では、一部でシェアリング・エコノミーの理念からみると、およそ理想とはかけ離れた現象も起きている。しかし、そうした試行錯誤も社会を変える運動のなかでは不可避であろう。失敗の経験は、シェアリング・エコノミーの持続可能性について重要な教訓を与えてくれるに違いない。

本章では中国のケースを中心に、「シェアリング」をキーワードとして実際にどのような起業が行なわれているかを分野ごとにみていく。まず、シェアリング・エコノミーに関するこれまでの主な議論を整理し、本章での定義を明らかにする（第一節）。つぎに、中国で実際にどのようなシェアリングが事業化されているのかを分野ごとにみていく。ほとんどのシェアリング事業がスタートアップによって担われているので、おのおのの企業家がどのようなきっかけでシェアリングの事業化を思い立って実行したのかを紹介する（第二節）。最後に、実際に中国の人びとの生活に大きな変化をもたらしたライドシェアと自転車シェアリングを取り上げ、急成長が起きた理由と人びとの働き方の変化を明らかにするとともに、起業ブームのリスクも指摘したい（第三節）。

## 一　シェアリング・エコノミーとは何か

シェアリング・エコノミーの概念を最初に提起したのは、ボッツマンとロジャーズが二〇一〇年に刊行した『私のものはあなたのもの』という本である（Botsman & Rogers 2010）。この本は先進国の市民生活においていかに資源が無駄に消費されているかを説き、十分に利用されていない個人の所有物をシェアすること（それを彼らは「協働消費」と呼ぶ）によってそうしたライフスタイルを変えていくべきだ、と主張した。そして、未利用の所有物をシェアする仕組みが現代のネットワーク技術を活用することによって生まれつつあるとして、具体的にはカーシェアやライドシェア、中古品のオンラインショップ、コワーキングスペース、インターネットを介した個人間の融資などを紹介している。

一方、スンドララジャンは、シェアリング・エコノミーの興隆によって、二〇世紀型の大規模な企業組織を中心とした資本主義体制が崩壊し、人びとがネットワークを通じて労働を提供しあうような「大衆に根差した資本主義」が出現するだろう、と大胆な予測を行なっている（Sundararajan 2016）。また、マルカヒーはシェアリングのネットワークを通じた単発的な労働の提供（それを彼女は「ギグ・エコノミー」と呼ぶ）が広がれば、人びとが主体的に仕事と余暇のバランスをとることができるようになる、と楽観的な見通しを示す（Mulcahy 2017）。彼らと共通する将来像を持ちながらも、まったく逆の評価をしているのがスルニセックである（Srnicek 2017）。すなわち、シェアリングのプラットフォームを通じた不安定な雇用が増え、労働者の搾取がいっそう進むだろうと主張する。

このように各論者はシェアリング・エコノミーを客観的な概念として確立するよりも、社会変革に対するみずからの理想や思いを体現するものとしてそれを提起しているため、論者によって定義が異なる。無駄の多いライフスタイルを変革したいと考えているボッツマンとロジャーズによれば、シェアリング・エコノミーとは「利用度の低いスペース、技能、物を金銭あるいは金銭以外の便益と引き換えにシェアする経済モデル」である（Botsman 2013）。大企業中心の資本主義の変革を目指すスンドラジャンやマルカヒーにとっては、大衆に基盤を置くネットワークと柔軟な働き方を実現するものこそシェアリング・エコノミーと呼ぶにふさわしい。

中国では、シェアリング・エコノミーは資源の有効利用によって環境問題、交通渋滞、生産能力の過剰問題など中国が直面するさまざまな課題の克服に貢献するものとしてとらえられている（何・張・劉二〇一八）。個人がまだ先進国ほど所有物を蓄積していない途上国の特性を反映して、すでに誰かが所有している物をシェアするということよりも、新たに社会の中に投入される物を含めて、同じ物を複数の人が共同で利用するという点が重要な要件とされている。たとえば、国家信息中心の定義は、「インターネットなどの現代の情報技術を利用し、使用権のシェアを主な特徴とし、大量の分散した資源を組み合わせて、多様な需要を満たす経済活動」というものである（国家信息中心ほか二〇一七）。

一方、日本ではシェアリングを仲介するメカニズムが注目されている。たとえば、総務省は「シェアリング・エコノミーとは、個人等が保有する活用可能な資産等を、インターネット上のマッチングプラットフォームを介して他の個人等も利用可能とする経済活性化活動である」と定義する（総務省二〇一七）。こうした定義に見え隠れするのは、シェアリングが社会の効率化に果たす役割に期待するというよりも、日本がアメリカや中国にくらべてインターネットのプラットフォームの発展に遅れをとっているのを挽回したいという願望である。

以上のようにシェアリング・エコノミーの定義は統一されていないし、各論者の理想を反映しているため、コンセンサスに達することも難しいだろう。本章では中国のケースを主に取り上げるため、中国で一般的な国家信息中心の定義を採用するが、それはその背後にある理想に共鳴しているということではない。中国では起業家たちが投資家にアピールする目的で「シェアリング」（「共享」または「分享」）という言葉をいささか乱用しているきらいがあり、そのためにボッツマンとロジャーズのもともとの理念とは裏腹に、むしろ膨大な物の浪費を含むものまでシェアリング・エコノミーの一部だとされている。しかし、本章ではそうしたものも含めて中国でシェアリングの名のもとに多様な起業が行なわれていることを論じたいので、それらも排除しない。

## 二　中国におけるシェアリング・エコノミーと起業

### （1）主要なシェアリング企業と起業の経緯

スンドララジャンは、「中国は世界のなかで突出してシェアリング・エコノミーが発展している」と指摘している（Griswold 2016）。実際、中国のシェアリング・エコノミーの取引額は二〇一六年に五一〇〇億ドルだったと推計されており（国家信息中心ほか二〇一七）、これはＰｗＣが二〇二五年の世界のシェアリング市場の規模として予測した金額（三三五〇億ドル）をたった一国において九年も前倒しで実現したことになる[1]（PwC 2016）。

中国でシェアリング・エコノミーが一般に知られるようになったのは二〇一五年ごろからであるが、その後急速な拡大を遂げるにあたっては政策が果たした役割も大きい。まず、二〇一六年三月に決定された第一三次五カ年計画（二〇一六〜二〇二〇年）のなかで、「大衆の創業とイノベーションを促進する」という文脈において、コワーキングスペースやインターネットのプラットフォームのシェアを促進することが唱導されている。また、ネットを通じた知識や技能や生産能力のアウトソーシングとクラウド・ファンディングを推進するべきだとも書かれている。ここで触れられているのは中国でシェアリング・エコノミーと呼ばれているもののうち、後で述べる「生産能力」の分野のみである。しかし、五カ年計画のなかでシェアリングが肯定的に言及されたことで、その後の各分野の政策も概してシェアリングの発展を容認ないし推進するものとなったし、シェアリングをうたう企業の資金調達に肯定的な影響があったとみられる。

二〇一七年には、中国のシェアリング市場の規模は四兆九〇〇〇億元（七二九〇億ドル）にまで拡大したとされる。中国におけるシェアリング・エコノミーは、表7－1のように七つの分野に分類されている。

「知識技能」の分野に属する企業としては、少額の費用と引き換えに専門性のある人が知識を授けてくれる知乎（Zhihu）と、子どもがオンラインで海外の人と会話して英語を学べるVipkidという二社のユニコーンがある。[2]

　まず、知乎の創業者である周源は、一九八〇年に貴陽市に生まれ、大学でコンピュータを専攻したのち、ソフトウェア開発やＩＣＴ（情報通信技術）雑誌記者の仕事を経験した。彼はアップル製品の愛好者が集まるブログに参加し、そこで交わされる知識をより豊富にすれば売り物になるのではないかと考えた（『中国新聞週刊』二〇一四年一一月一八日）。彼は、ネット検索の創業に失敗したのち、二〇一〇年にユーザーへの知識提供を行なう知乎を創業し、翌年李開復（台湾出身で、創新工場［Sinovation Ventures］の創業者兼ＣＥＯ）のエンジェル投資を受け、それ以降、啓明投資、ソフトバンク、ＳＮＳ（ソーシャル・ネットワーキング・サービス）運営会社のテンセント（騰訊）、ネット検索会社の捜狗などの投資を受けて拡大した。

表７－１　中国におけるシェアリング・エコノミーの取引額

（単位：億元）

| | 2015 | 2016 | 2017 |
|---|---|---|---|
| 知識技能 | 200 | 610 | 1,382 |
| 家屋シェアリング | 105 | 243 | 145 |
| 輸送・移動 | 1,000 | 2,038 | 2,010 |
| 生活サービス | 3,603 | 7,233 | 13,214 |
| 生産能力 | 2,000 | 3,380 | 4,120 |
| 医療シェアリング | 70 | 155 | 70 |
| シェアリング金融 | 10,000 | 20,863 | 28,264 |
| 総計 | 16,978 | 34,522 | 49,205 |

出所：国家信息中心ほか（2017，2018）より筆者作成。

　一方、Vipkidは一七歳から親戚と英語教室をはじめたという女性起業家の米雯娟が二〇一三年に創業した。翌年からセコイヤ・キャピタル、雲鋒基金（アリババ創業者の馬雲、投資家の虞鋒らが設立した投資ファンド）、テンセント、創新工場、さらにＮＢＡのコービー・ブライアント選手のファンドなどから出資を受けて成長した。[3]

　「家屋シェアリング」はエアビーアンドビー（Airbnb）のような宿泊仲介のプラットフォームを指す。エアビーアンドビー自体、中国で一五万の部屋の情報を提供しているが、中国地場の小猪（Xiaozhu）と途家（Tujia）も同様の仲介事業によってそれぞれユニコーンに成長した（国家信息中心ほか 二〇一八）。

「輸送・移動」は、中国でもっとも認知度が高いシェアリングの形態である。ライドシェア最大手の滴滴出行（DiDi Chuxing）は、企業価値が五六〇億ドルという中国最大のユニコーンである。同社の創業者、程維は一九八三年生まれで、ネット通販サイトのアリババに八年間勤めた後、二〇一二年に三人でタクシー配車アプリを開発する滴滴打車（DiDi Dache）を北京で創業した（李 二〇一四）。まず北京のタクシー会社へのアプリの納入に漕ぎつけ、同年に金沙江創業投資から三〇〇万ドルの投資を獲得した。二〇一四年にはテンセントなどからも投資を受け、タクシー配車アプリからライドシェアにも進出した。

また、滴滴打車と同じく二〇一二年に杭州でタクシー配車アプリをはじめたのが快的打車（Kuaidi Dache）である。同社はアリババなどから投資を受けて急成長したが、二〇一五年に滴滴打車と合併して、新社名は滴滴出行となった。滴滴出行は、二〇一六年には米国のライドシェア会社、ウーバー（Uber）の中国事業も買収し、それ以降は中国のライドシェア市場の七五パーセントを握るにいたった。

「輸送・移動」の分野でもうひとつよく知られているのが自転車シェアリングである。代表的な企業はモバイク（摩拜単車）とｏｆｏ（小黄車）で、二〇一八年四月時点では両者ともに企業価値一〇億ドルのユニコーンであったが、その後両者の状況は一変した（第三節で詳述する）。モバイクは一九八二年生まれで自動車関連の新聞記者の経験がある女性起業家の胡瑋煒が、既存のレンタル自転車は不便なので何とかしたいとの思いから、ウーバー上海の総経理だった王暁峰の協力を得て創業したものである

発展が期待されるカーシェア（2017年 8 月，北京にて丸川知雄撮影）

(駒形二〇一七)。

また、ｏｆｏは一九九〇年代生まれで、北京大学で修士課程の院生だった戴威が四人の仲間とともに二〇一四年に創業した。戴は大学院生になる前に一年間青海省で数学教師として勤めた際に自転車が好きになり、北京大学に戻ってから自転車サークルをつくった。これを商売にできないかとはじめたのがｏｆｏで、当初の活動は台湾や富士山、済州島などへの自転車ツアーを企画運営することであった。やがて会社の資金がつきたので、つぎにはじめたのが、大学のキャンパス内での自転車シェアリングである。中国の大学キャンパスは広大なので自転車があると便利だが、自転車の盗難や、乗りたいときに近くに自転車がないといった不便さがあった。そこでスマホによる解錠システムを開発して自転車シェアリングをはじめた(『斉魯晩報』二〇一六年六月二五日)。

「輸送・移動」分野で今後の成長が期待される

のがカーシェアである。二〇一七年七月時点ではすでに四〇社以上が参入し、四万台の自動車が供されているが、その九五パーセントは電気自動車などの新エネルギー自動車だという（国家信息中心ほか二〇一八）。

「生活サービス」の分野は急速に成長している。この分野の最大の企業は美団点評（Meituan Dianping）で、その企業価値は三〇〇億ドルとされている。この会社の主たる業務は共同購入サイトで、そこでは映画チケット、レストランでの食事、ホテル宿泊、教育サービスなどが割引価格で提供されている。

美団点評は共同購入サイト以外に食事の配送サービスを行なっている。客は同社のウェブサイトを通じて外食店やスーパーなどに食品や料理を注文し、配送を受けることができる。同様の配送サービスを展開する有力な企業としては、二〇一八年四月にアリババによって九五億ドルで買収された餓了麼（Ele.me）もある。日本では食事の出前サービスは、ラーメン屋であれピザチェーンであれ、食事を作る事業の一環として提供されているが、中国では独立していて、配送サービスはそのウェブサイトを通じて客からの注文を外食店に取り次ぐとともに配送料をとって配送を行なう。配送サービス業といっても実態は配送仲介業に近い。実際に配送を行なうのは、配送一件ごとに報酬をもらう自営のドライバーである。餓了麼の場合、ドライバーになりたい人は同社のウェブサイトからアプリをスマホにダウンロードしてオンラインで試験を受ける。合格すれば、スマホのスクリーン上に現われる配送の仕事をクリックして一件ずつ請け負う。

美団点評の董事長兼CEO王興は、一九七九年に福建省に生まれ、清華大学で無線通信を専攻したのち、アメリカの大学院に留学した。しかし、二〇〇三年に大学院を中退して帰国し、二〇〇四年三月に清華大学の同級生らと創業する。当初はＳＮＳ事業を手がけ、二〇〇五年にフェイスブックを模倣した校内網（Xiaonei Network）をある程度成功させた。しかし、二〇〇六年に二〇〇万ドルでライバル企業に身売りすることをよぎなくされた。二〇〇七年に再度独立して、ツイッターを模倣した飯否網（Fanfou）をはじめた。飯否網は二〇〇九年初めには一〇〇万人のユーザーを集めるまで成長したが、二〇〇九年七月にウルムチ市で起きた暴動に関する情報が同サイトで政府の統制を受けずに伝えられたことから、政府より閉鎖命令を受けた。そこで王興は、二〇一〇年にアメリカの共同購入サイト・グルーポンを模倣した美団網（Meituan）をはじめた。当初はライバルが五〇〇〇社もあるような状況だったが、美団網は都市ごとにコストと収益を緻密に計算して参入するかどうかを判断する戦略により徐々に勢力を拡大し、二〇一一年にはアリババから五〇〇〇万ドルの投資も受けて、二〇一五年後半には共同購入の分野で六二パーセントのシェアを握るにいたった（陳 二〇一五）。美団網は二〇一五年一〇月には飲食店情報サイトを運営していた大衆点評（Dazhong Dianping）と合併し、二〇一八年四月には、モバイクを二七億ドルで買収した。

「生活サービス」の分野に属する企業として、このほかに回家吃飯（Huijia Chifan）がある。これはご飯を食べたい人と、自宅のキッチンでもてなしたり、あるいは持ち帰りのできる料理を作る人とを仲介するサイトである。さらに、充電器、傘、カラオケボックス、トレッドミルの「シェア」をうたうサービスも、この分野に含まれている。もっとも、ここまでくると従来からあるレンタル店との違いは不明瞭で、「シェア」を単なる流行語として利用しているようにも思われる。

「生産能力」の分野にはさまざまなコワーキングスペースが含まれる。優客工場（UCommune）は主要都市で起業家たちにオフィススペースを提供しており、その企業価値は一七億ドルと評価されている。硬蛋科技（IngDan）はハードウェアのスタートアップを支援するプラットフォームで、回路基板や電子部品の供給、製造・設計サービスの提供、ウェブサイトや展示会を通じた製品販売の援助を行なっている。家電メーカーのハイアールが運営する海創匯平台は一〇か所のインキュベーションセンターを展開し、アリババの運営する淘工廠（Tao Factory）はタオバオでアパレルを販売する企業に製造工場を取り次ぐ役割を果たしている。

「生産能力」の分野に属するものとして、物流仲介サイトの運満満（Yunmanman）と貨車幇（Huochebang）もある。これらのサイトには、トラックの運転手と、荷物を運んでもらいたい荷主が登録し、サイトを通じて両者のマッチングが行なわれる。二社ともユニコーンであったが、二〇一七年一一月に合併して満幇集団（Manbang）となり、その企業価値は六〇億ドルと評価されている。

「医療シェアリング」の分野に属するものとしては、インターネットを通じて全国の医療機関の医師を探して手術の予約ができる名医主刀（Mingyizhudao）、医者どうしが投薬や症例に関する情報を交換する丁香園（DXY）、オンラインで医者に相談できたり、病院の予約ができる微医（WeDoctor）などがある。

「シェアリング金融」の分野には、金融業のうちP2P貸付（ネットを通じて一般の人どうしで行なう金銭の貸借）とクラウド・ファンディングが含まれる。P2P貸付に関しては二〇一七年時点で一九三一ものプラットフォームがあり、二兆八〇〇〇億元（四五兆円）の貸借が行なわれた。そのうち最大のものは平安集団（Pingan）の傘下にある陸金所（Lu.com）で、同社は企業価値が一八五億ドルとされている。こうしたプラットフォームを通じて行なわれる借り入れは一件あたり平均三一万二〇〇〇元（約五〇〇万円）で、事業資金や車の購入資金に充てられることが多い。こうした貸付はいくつかの債権に小分けされ、貸し手は一件で平均六万八〇〇〇元（約一〇九万円）の債権を購入する（国家信息中心ほか二〇一八）。クラウド・ファンディングのほうは、二〇一七年の取引額は二一六億元（約三五〇〇億円）で、P2P貸付にくらべると規模はだいぶ小さい。

## （2）起業を促すエコシステム

中国のシェアリング・エコノミーは予想をはるかに上回る成長を続けており、そのほとんどがスタートアップによって担われている。シェアリングの分野における起業をこれほどまで盛んにしたエコシステムとは、いかなるものだったのか。

まず、シェアリング分野のスタートアップの発展史をみると、どの企業もアリババまたはテンセント、および国内外のVC（ベンチャーキャピタル）からの出資を受けていることに気づく。アリババはネット小売、テンセントはSNSとオンライン・ゲームを主業とする会社であるが、シェアリングの分野ではこの二社がもっとも主要なVCの役割を果たしている。

この二社に共通しているのは、いずれもスマホによる支払いサービスを運営していることである。ライドシェア、自転車シェアリング、共同購入サイトなどは代金の決済をスマホ支払いサービスによって行なうことが前提になっているし、支払いサービスの側もこうしたシェアリング・サービスをタッチひとつで利用できることを売り物にしている。つまり、両者は持ちつ持たれつの関係にある。宿泊仲介や回家吃飯の例に典型的なように、シェアリングにおいては不特定多数の売り手と買い手がインターネットを通じて結びつき合うが、ネットを介してスポット的に取引するだけの関係のなかで、買い手から売り手に対する代金の受け渡しが安心・安全かつ低コストに行なわれる手段が必要である。アリババとテンセントのスマホ支払いサービスはそうした支払い手段を提供しているが、個人へのクレジット・カードがあまり普及していない中国においては、これこそシェアリング・エコノミーの発展を可能とするもっとも重要なエコシステムだといえよう。

政府の役割はどの程度重要であっただろうか。たしかに、二〇一六年に五カ年計画のなかでシェアリングが取り上げられたことは、一定の促進作用があったであろう。また、とくにコワーキングスペースに関しては、各地の地方政府や国有企業がかなり前のめりで「創客空間（メイカースペース）」と銘打った施設を多数つくっている。ただ、政府のより重要な貢献は、次節で取り上げるライドシェアや自転車シェアリングのように、日本であれば政府によって厳しく規制されるような法的にはグレーなサービスの発展にも寛容であったこと、つまり不作為による貢献であった。

## 三　交通を変革したシェアリング

冒頭で述べたように、シェアリング・エコノミーには社会を変革する運動という側面を持っている。

ある程度の事業拡大に成功したシェアリングは、多かれ少なかれ人びとの生活や働き方を変えるインパクトを持つが、中国の都市部に住む一般市民にも感じられる変革をもたらしたのがライドシェアと自転車シェアリングである。ここではそれらのインパクトと、そこで露呈された問題について述べたい。

### (1) ライドシェアの展開と問題

前節でみたように、中国のシェアリング・エコノミー界の最大の企業は滴滴出行である。中国におけるライドシェアの発展は人びとの日常生活を大きく変えた。急成長した背景として、二〇〇〇年代から中国の大都市でタクシーがとてもつかまりにくくなったことがある。たとえば、北京市では二〇〇三年から二〇一二年の間に市内のタクシーの数が六万五〇〇〇台から一〇〇〇台増えたのみで、北京市の人口がこの期間に四二パーセント増加したのとまったく釣り合っていなかった。鄭州市では一〇年間でタクシーがたった一台増えたのみだったし、天津市では一八年間タクシーがまったく増えなかった(『経済参考報』二〇一五年九月一五日)。

このようなことが起きたのは、地方政府が傘下の国有タクシー会社を保護するために、タクシー免許の発行を抑えたからである。国有タクシー会社といっても、事実上の個人事業者であるタクシー運転手から固定的な料金を受け取る見返りにタクシー免許を利用させる、というのがその経営の実態であった(程・朱・傅二〇一五)。

二〇一二年に滴滴打車と快的打車がタクシー配車アプリをはじめたのは、とにかくタクシーをなんとかつかまえたいという人びとの切迫した需要に応えたものであった。他方、タクシー運転手たちにしてみれば客を見つけるのに苦労はないので、わざわざ配車アプリを入れる動機に欠けていた。そこで二〇一四年八月から滴滴出行はアプリで呼べる車のなかにタクシー免許を持たない車を加えるようになった（滴滴政策研究院 二〇一七）。同じ年、ウーバーも中国で一般ドライバーを動員したライドシェアのサービスをはじめた。こうしたサービスはタクシー不足で困っていた人びとに急速に受け入れられただけでなく、それまでタクシーを営んでいたドライバーたちもライドシェア業に乗り換えた。なぜなら、ライドシェアではタクシー会社に免許利用のための固定料金を支払う必要がなかったからである。当然、国有タクシー会社や地方政府は強く反発し、罰金によってライドシェアを禁止しようとした。しかし、二〇一四年一一月に李克強首相がライドシェアに肯定的だとメディアで伝えられたことで地方政府の態度も軟化した（『21世紀経済報道』二〇一六年一二月二一日）。

二〇一五年はライドシェアの飛躍の年となった。二月には滴滴打車と快的打車が合併し、アリババやテンセントなどがそこに三〇億ドルを投資した。同年、ネット検索サイトの百度がウーバー中国に一二億ドルを投資した（『経済参考報』二〇一五年九月一八日）。ライドシェアの法的地位はずっとグレーなままだったが、二〇一六年七月になって「インターネット予約車」に関する法律が公布された。これによって、タクシー免許を持たない運転手や一般の車でもインターネット予約車に従事することが公認された。但し、地方政府が一定の制限を設けているケースも多い。たとえば北京市では、運転手は北京市戸籍の保有者でなければならず、車は中級車以上でなくてはならないといった制限がある。

ライドシェアは利用度がきわめて低い個人所有の自動車を有効活用することにつながるし、一般の人がライドシェアのドライバーとなって稼ぐこともできるので、シェアリング・エコノミーの一例として必ずあげられるものである。では、中国のライドシェアはそうした理想とくらべてどうなのだろうか。

滴滴政策研究院のレポートは、滴滴出行のプラットフォームを通じて二〇一六年六月からの一年間にライドシェアのサービスを行なった二一〇〇万人のドライバーについて、つぎのように報告している（滴滴政策研究院 二〇一七）。このうち三九三万人は鉄鋼業、石炭産業など生産能力が過剰な業種から失職してドライバー業をはじめた人たち、一七八万人は退役軍人、一三三万人は失業者だった。また、ドライバーの多くはほかにも仕事を持っている。全体の二五パーセントは企業や機関に勤務しており、二〇パーセントは臨時雇いの労働者、一八パーセントは自由業、一五パーセントは自営業をほかに営んでいる。また、全体の六二パーセントは、ほかの職業から得られる給料では足りないのでライドシェアをはじめたとしている。ドライバーたちがライドシェアに従事した時間については、五一パーセントは一日二時間以内だとし、九パーセントは六〜八時間、八パーセントは八時間以上だと答えている。ライドシェアの収入が家計収入に占める割合は平均で二二パーセントだが、一三七万人のドライバーに関しては家庭のなかに他の働き手はおらず、家計収入の七七パーセントをライドシェア収入に依存している。総じていえば、家計のなかでライドシェア業が主柱になるケースは多くないが、多くの家計では家計を支える何本かの柱のひとつではある。

順調に発展してきたかにみえる中国のライドシェアは、二〇一八年に大きな衝撃に見舞われた。滴滴出行が運営するいくつかのサービスのひとつで、行き先が同じ方向の乗客が相乗りするという、シェアリングの理念にもっとも近い「順風車」というものがある。このサービスを利用した若い女性が運転手によって強姦されて殺害されるという事件が、五月に鄭州市で、八月には温州市で起きたのである。こうしたときに、運転手を直接雇用しているわけではないライドシェア運営会社がいかなる責任を負うのかについて制度が十分に整備されていなかったので、五月の事件が起きたときに滴滴出行のなかで適切な対応がとられず、同様の事件の再発を招いた。ライドシェアではドライバーと利用者が、サービスが発生するたびに互いに評価しあうことでサービスの質がおのずから向上する、という楽観的な制度設計で運営されてきたが、それでは重大なリスクがあることが白日の下にさらされた。滴滴出行の順風車サービスは、第二の事件からほどなくして閉鎖された。

### (2) 自転車シェアリングの急成長と挫折

自転車シェアリングの代表的な企業であるモバイクとｏｆｏの創業の経緯については、第二節ですでにふれた。

自転車シェアリングは中国の専売特許ではなく、日本、フランス、ロシアなどいろいろな国に存在する。ただ、多くの国では地方自治体が環境問題に取り組んでいる姿勢を見せる程度の象徴的な意味合いしか持っておらず、社会での認知度も利便性も限定的であるのに対して、中国の自転車シェアリングは都市交通に目に見える変化をもたらした。そのインパクトの相違は単純に事業の規模をくらべればわかる。

日本では、東京の一〇区と仙台市などで地方自治体から委託を受けて自転車シェアリングを運営しているドコモ・バイクシェアが最大手である。その規模は、二〇一七年末時点で自転車の台数が六五五三台、登録ユーザー三二万人で、年間に三五〇万回利用された（『日経クロストレンド』二〇一八年二月一六日)。一方、モバイクは二〇一七年六月時点で、中国の一〇〇以上の都市と他の国に五〇〇万台の自転車を配置し、登録ユーザー数は一億人以上、一日に二五〇〇万回の利用があったとしている。つまり、台数はドコモの七六三倍、登録ユーザー数は三二二倍、利用回数は二六〇七倍となっている。

中国の三六都市での調査によれば、自転車シェアリングがはじまる以前、人びとが外出するときの交通手段は自動車やタクシーが二九・八パーセント、バスや地下鉄が三一・二パーセント、自転車は五・五パーセントだったが、自転車シェアリングが広まったのちは自動車・タクシー二六・六パーセント、バス・地下鉄三〇・七パーセント、自転車一一・六パーセントに変化したという(北京清華同衡規画設計研究院・摩拜単車 二〇一七)。

北京のように地下鉄網が発達した都市でも、多くの人びとが向かうような施設が最寄りの地下鉄駅から徒歩で二〇分以上離れていることが稀ではないので、出発地から目的地までタクシーで行くことになりがちだった。だが、自転車シェアリングが登場したことで、出発地から駅まで自転車で行き、地下鉄で目的地の近くまで行ったら、駅からふたたび自転車シェアリングを利用して目的地まで行くということが可能になった。

二〇一五年までは大学の構内など限られた場所にとどまっていた自転車シェアリングが、二〇一六年秋ぐらいから急速に中国の各都市の路上に出てきたのは、VCが自転車シェアリングの画期的なシステムに注目したためである。中国の自転車シェアリングでは、自転車にGPS(グローバル・ポジショニング・システム)と通信機能を持たせることで、スマホで自転車がある場所を見つけ、スマホで解錠や施錠を行なうことができる。この仕組みによってシェア自転車を街のどこにでも配置することが可能になり、他国の自転車シェアリングにくらべて格段に便利なものとなったのである。二〇一六年から二〇一七年四月にかけて金沙江創業投資、セコイヤ・キャピタル、創新工場、滴滴出行などがモバイクとｏｆｏに合わせて一〇億ドル以上の投資を行なった（駒形 二〇一七）。

この二社にとどまらず、二〇一七年七月時点で七〇社もが自転車シェアリングに参入し、全国に一六〇〇万台もの自転車をばらまいた（『21世紀経済報道』二〇一七年八月四日）。激しい競争のなかで、利用料金も三〇分一元が一般的だったのが、半額に下がった。だが、このころから疑問として付きまとっていたのが、このような低料金で、どうやって運営コストを回収できるのかということである。業界で流れていた噂として、利用者が登録するときに預けるデポジット（九九～二九九元）を業者が運用して収益を上げるのだとか、自転車の利用状況のビッグデータが価値を生むのだという説があった。

しかし、こうした噂のいずれもが単なる楽観的憶測にすぎず、実際には収益を上げうるビジネスモデルが最初から存在しなかったことが明らかになった。二〇一七年には六社が経営困難で破綻し、ユーザーが預けたデポジットが返ってこない事態にいたった。二〇一八年九月には大手二社の一角であるｏｆｏが、自転車メーカーの上海鳳凰自行車から代金未払いで起訴されるにいたった。さらに、ユーザーに対するデポジットの返却が滞っていることも暴露され、同社はすでに実質的な破産状態にある。

モバイクについても、二〇一八年四月に美団点評に二七億ドルで売却されたのち、美団点評のもとでその惨憺たる財務状況が明らかになった（『猟雲網』二〇一八年九月七日）。買収が成立した四月四日から四月三〇日までの期間、モバイクの自転車は七一〇万台配置されていたが、それらは二億六〇〇〇万回利用されていた。一回あたりの利用料金は平均〇・五六元だったので、この期間の総収入は一・四七億元だった。ところが、運営コストは一・五八億元、自転車等の減価償却費は三・九六億元にも達しているため、収支差額は四・〇七億元の赤字である。ここから逆算すると、収支を均衡させるためには利用一回あたり二・一三元を徴収する必要があり、端的に言って利用料金単価を現状の四倍に引き上げないと採算がとれないということになる。だが、単価の引き上げによってユーザーが離れる懸念があり、果たして黒字化することが可能かどうかさえ疑問が持たれる。

中国における自転車シェアリングの挫折は、起業ブームの持つリスクを明らかにした。後から考えれば、利用料金だけで黒字化できるようにビジネスモデルを組み立てなければ存続が難しいことは明らかであるし、その計算もとくに複雑なものではない。だが、モバイクやｏｆｏがビジネスモデルのあいまいさにくらべてＶＣから不相応に大きな投資を受けたことで、自転車シェアリング業者はデポジットの運用やビッグデータで稼ぐのではないかという幻影が生じてしまい、それを多くの人びとが信じることによってバブルになってしまった。

二〇一八年下半期に自転車シェアリングの急成長はバブルであったことが暴露されたが、ただ自転車シェアリングは交通渋滞の緩和や省エネに好ましい影響をもたらしたので、このまま衰退するのはあまりにも惜しいと思う人も多いだろう。料金引き下げの過当競争、通行を妨げる自転車の放置、破損した自転車の回収など、この二年間に明らかになったさまざまな問題を直視しつつ、自転車シェアリングを持続可能な仕組みに変えていくために地方政府を巻き込んだ検討が必要な時期にきていると思われる。

米国や英国で提起されたシェアリング・エコノミーは社会変革の理念を内包した概念であった。その理念に共鳴した起業も、純粋な金儲けというよりもどこか「社会的企業」の色彩を帯びていた。一方、中国の政策でシェアリングが奨励されているのは、大衆の創業とイノベーションを促進するためである。大衆の創業とイノベーションは、中国の文脈では経済の発展や就業圧力の緩和といった効果だけでなく、市場経済化の推進という社会変革の意味も持っている。

こうした社会的意義を負荷されているため、中国のシェアリング・エコノミーは米国などよりももっと利益追求の側面を強く帯びており、そのためVCも投資対象として注目した。VCの投資によって自転車シェアリングなどはバブルに陥り、膨大な量の粗大ごみを社会にばらまくという、先進国のシェアリングの理念とはおよそ逆の結果をもたらした。

しかし、そうした失敗がある一方で、中国のシェアリング・エコノミーが社会変革の推進者となっていることはやはり注目に値する。ライドシェアが国有タクシー会社の独占を打ち壊したことは人びとの移動の利便性を高めたし、自転車シェアリングも都市交通の課題解決に貢献があった。日本ではシェアリング・エコノミーによる創造的破壊を防ぐため、ライドシェアや家屋シェアリングが抑制されたが（Marukawa 2019）、中国ではその破壊力が強く発揮されている。

また、ライドシェア、物流仲介サイト、配送サービスなどは、自営業者であるドライバーたちと乗客・荷主とを結びつけており、運輸の分野に限っては、中国はすでにスンドラジャンのいう「大衆に根差した資本主義」を実現しつつあるように見える。こうした状況が果たして勤労者の自由度を増しているのか、それとも低所得と生活の不安定をもたらしているのかは、今後検討していく必要がある。

注記

（1）もっとも、ＰｗＣと中国側とではシェアリング・エコノミーの定義が異なるので、ＰｗＣの予想を上回って中国が成長したと短絡的に判断することはできない。

（2）ユニコーンのリストと企業価値はCB Insightsの“Global Unicorn Club”（https://www.cbinsights.com/research-unicorn-companies）にもとづく。

（3）Vipkidのウェブサイト（https://www.vipkid.com.cn/web/about）にもとづく。

## 参考文献

〔日本語文献〕

駒形哲哉（二〇一七）「シェアリングエコノミーの中国的展開――インターネットプラス・供給側構造性改革・共享単車」『東亜』第六〇〇号（六月）：七六〜八七頁。

総務省（二〇一七）『情報通信白書』。

内閣府（二〇一八）「シェアリング・エコノミー等新分野の経済活動の計測に関する調査研究報告書」内閣府経済社会総合研究所（http://www.esri.go.jp/jp/prj/hou/hou078/hou078.html）。

〔英語文献〕

Botsman, R. and R. Rogers（2010）*What's Mine is Yours: How Collaborative Consumption is Changing the Way We Live*, London: Collins.

Botsman, R.（2013）"The Sharing Economy Lacks a Shared Definition," *Fast Company*, November 21（Downloaded at https://www.fastcompany.com/3022028/the-sharing-economy-lacks-a-shared-definition）.

Griswold, A.（2016）"The author of 'The Sharing Economy' on Uber, China, and the future of work," *Quartz*, June 21（Downloaded at https://qz.com/710515/arun-on-sharing-economy/）.

Marukawa, T.（2019）"Sharing Economy in China and Japan," *Japanese Political Economy* 43, pp.61-78（doi:10.1080/2329194x.2018.1555666）.

Mulcahy, D.（2017）*The Gig Economy*, New York: Amacom.

PwC（2016）*The Sharing Economy*, PwC（Downloaded at https://www.pwc.com/CISsharing）.

Srnicek, N.（2017）*Platform Capitalism*, Cambridge: Polity Press.

Sundrarajan, A.（2016）*The Sharing Economy: the End of Employment and the Rise of Crowd-based Capitalism*, Cambridge, Mass.: MIT Press.

〔中国語文献〕

北京清華同衡規画設計研究院・摩拜単車（二〇一七）『二〇一七年共享単車与城市発展白皮書』（https://zhuanlan.zhihu.com/p/26443639）。

陳慶春（二〇一五）「〝静攻者〟王興」『財経』第二三期。

程絮森・朱潤格・傳詩軒（二〇一五）「中国情景下互聯網約租車発展模式探求」『中国軟科学』第一〇期。

滴滴政策研究院（二〇一七）『新経済・新就業　二〇一七年滴滴出行平台就業研究報告』（http://www.199it.com/archives/646093.html）。

国家信息中心分享経済研究中心・中国互聯網協会分享経済工作委員会（二〇一七）『中国分享経済発展報告（二〇一七）』（http://www.sic.gov.cn/News/568/7737.htm）。
国家信息中心分享経済研究中心・中国互聯網協会分享経済工作委員会（二〇一八）『中国共享経済発展年度報告（二〇一八）』（http://www.sic.gov.cn/News/79/8860.htm）。
何超、張建琦、劉衡（二〇一八）「分享経済：研究評述与未来展望」『経済管理』第一期：一九一～二〇八頁。
李志剛（二〇一四）「滴滴創業破氷之旅」『網易財経綜合』三月六日。

## 【コラム⑧】スター・サイエンティストが拓く日本のエコシステム

卓越した業績を残すスター・サイエンティストがエコシステムを創生する、という研究がUCLA（カリフォルニア大学ロサンゼルス校）のザッカー氏とダービー氏によって行なわれている。彼女らの研究では、一九八九年までにバイオテクノロジー分野で顕著な業績を上げた三二七人のサイエンティストを取り上げ、米国におけるバイオテクノロジー・スタートアップへの影響を調べた。その結果、スター・サイエンティストが関わった起業、もしくはスター・サイエンティストと共同研究をしているスタートアップは、そうではない企業とくらべて、特許数、上市した製品数が高まることが明らかになった。さらに起業に関わったスター・サイエンティストの研究業績を調べたところ、起業に関わるようになって以降、論文数とその引用数（質を示す指標）がともに上昇することがわかった。スター・サイエンティストとスタートアップが互いにプラスの影響をあたえていることを受けて、「サイエンスとビジネスの好循環」が存在すると主張している。

筆者が代表を務めるＪＳＴ－ＲＩＳＴＥＸ「スター・サイエンティストと日本のイノベーション」プロジェクトでは、同様の現象が日本でも発生しているかを調べた。クラリベイト・アナリティクス（Clarivate Analytics）が発表する高パフォーマンス研究者リスト（Highly Cited Researchers）を使い、日本のスター・サイエンティストを一二一人同定した。その後、スタートアップ関係のデータベースを複数活用し、一二一人が関わっているスタートアップを調べた。その結果、一二一人中九人のスター・サイエンティストが一五社のスタートアップに関わっていた。とくに数人のスター・サイエンティストは複数の企業を連続的に起業したことに加え、その企業は大学研究室の近くに立地していた。

総量は少ないものの、スター・サイエンティストを中心としたエコシステムの創生は、米国と同様に日本でも発生しはじめている。一九九〇年代後半からはじまった、大学を中心とした日本のイノベーション・システムの改革は、確実に成果が出はじめているといえる。

（牧　兼充）

# 終　章　起業を通じたイノベーションの今後

木村　公一朗

本書では、起業を通じたイノベーションが活発化した一因として、エコシステムの発展を取り上げた（序章、図0－2の左の矢印）。シンガポールや台湾のエコシステムが、海外やシリコンバレーとのつながりのなかで発展してきたことを紹介した。また、中国におけるエコシステムの多くの要素が長い時間をかけて発展してきたことも示した。それでは、起業を通じたイノベーションは今後、各国・地域の経済や社会にどのような影響をおよぼすのだろうか（序章、図0－2の右の矢印）。その帰結を明示することは難しいが、どのような点に注意すべきか、今後の見方について検討したい。なかでも経済全体にかかわる側面として、一国の経済成長への影響と、市場における競争状況について言及する。

第一の影響は、成長に対するものである。序章でも述べたとおり、多くの中所得国は、廉価な労働力にもとづいた労働集約型の産業発展から知識・技術集約型のそれへ、という産業構造の転換によって高所得国への移行を目指している。高所得国も経済活発化のため、起業を重視している。起業を通じたイノベーションは、産業構造の高度化とそれを通じた経済成長を後押しするものである。

第四次産業革命によってビジネスのあり方が変化し、人と交通、人と商業、人と生産活動の関係など、私たちのライフスタイルや産業のあらゆる面が、データやネットワークを介した新しい仕組みにもとづいたものへ置き換わっている。その結果、既存企業が積み上げた既存の技術体系を完全に消化したり、その技術の系譜に直結した技術開発を行なわなくても、生活や産業上の課題を解決するためのイノベーション活動を行なうことの幅が広がった。既存企業による継続的なR＆D投資が重要な技術領域も残る一方で、スタートアップによるイノベーションの波も広がり、イノベーションの担い手は多様化した。

ただし、現在の変化の波が一国全体の成長パターンをどの程度変え、そして、一人あたりGDPの向上にどの程度寄与するのかについては、さらに検討していかなければならない。その場合、エコシステムの特徴に目を向ける必要がある。

まず、エコシステムは、VC（ベンチャーキャピタル）やコワーキングスペースなどの各構成要素が集積した結果生まれたものである。集積は、そのきっかけがいつどこで起こり、どのタイミングで集積が集積を呼ぶ状況になるのかを予想することが難しい。また、エコシステムが発展したとしても長い時間を要する。そのような特徴のエコシステムが今後、各国・地域のなかでどれくらいの数だけ形成され、そして、それぞれどれくらいの規模になるのかに注目しなければならない。

また、エコシステムは、スタートアップの成長段階ごとの、あるいは事業領域ごとの多種多様な課題にこたえる必要がある。起業家がアイディアをかたちにした後、徐々に大きな額の資金を必要とするようになったり、海外展開にもチャレンジするなかで、起業家の課題は目まぐるしく変化する。また、製品・サービス分野ごとに、R＆Dや市場開拓上の課題は異なる（コラム⑥参照）。東アジア各地で形成されはじめたエコシステムが今後、スタートアップの急成長や事業領域の多様化とともに、どのような発展を遂げるのかも重要である。

企業経営もイノベーション活動も多くの経営資源を必要とし、また、その管理も複雑なものとなる。一国の成長パターンがすっかりと変化するには、企業成長を支えるエコシステムが量的にも質的にもさらに充実していかなければならない。

第二の影響は、市場構造に対するものである。市場構造とは、製品やサービスごとにどれくらいの数の企業が存在し、また、各社がどれくらいの市場シェアを持っているのかを表わす概念だ。多くの企業が存在し、そして、市場シェアが一部の企業に集中していないのであれば、市場は競争的となる。一方、市場シェアが一部の企業に集中しているのであれば、市場は寡占的あるいは独占的となる。

現在の起業を通じたイノベーションでは、競争と独占の双方が話題になる。起業の増加によってスタートアップが増加すれば、競争は激化する。深圳の起業家も、同地のメリットとしてエコシステムの発展による起業しやすい環境をあげるが、その裏返しのデメリットとして激しい競争によって生き残りが難しい点を指摘する[1]。

一方で、多くのスタートアップが活躍するデジタル経済では、競争が短期間で終わり、巨大な独占企業が出現することもよくある。とくに、SNS（ソーシャル・ネットワーキング・サービス）ビジネスやシェアリング・エコノミーなどを支えるプラットフォームは、利用者数が増えるほど、ネットワークにつながる利用者のメリットが大きくなるようなネットワーク効果が働くため、特定のプラットフォームに利用者が集中する（岡田 二〇一九）。これが個人情報をはじめとしたデータの集中を生むことで、プライバシーや市場競争に対する懸念をもたらしている。

また、投資も大きな影響をおよぼす。第3章や第7章でみたとおり、VC（ベンチャーキャピタル）業の発展が、多くの起業家に起業の機会を提供する一方で、VCがかかわる企業間の激しい競争が短期間で終結することも多い。

しかし、スタートアップが取り組む新しい事業は、多くの既存事業に影響をおよぼすほどの広い市場を潜在的に相手としているため、充分な差別化や参入障壁の構築を実現することができれば、事業存続の可能性は高まる。たとえば、AI（人工知能）とビッグデータを組み合わせた事業は非常に多いが、無人店舗システムやインターネット金融など、用途に応じて市場が生まれている。市場ごとに有力企業が生まれると、事業環境の変化がない限り新規参入は一般に難しくなるが（コラム⑤参照）、現時点では第四次産業革命による技術の変化とその応用領域の拡大によって新たな市場が続々と創出されている。

つまり、特定の市場に注目するか、経済全体を見渡した豊富な事業機会に注目するかによって、市場構造に対する判断は異なる。起業を通じたイノベーションの増加は数多くの変化を引き起こすため、影響の帰結を予測することは難しく、また影響の経路も複雑なものとなる。

それでも東アジア経済は、スタートアップの増加やそれを支えるエコシステムの発展を内包しながら、不断に構造変化していくことが予想される。起業を通じたイノベーションを生み出す新しい回路が生まれたいま、経済の行方を考えるうえで、スタートアップやエコシステムの動向を理解することが重要な時代になったといえよう。

註　記

（1）そのほかには、家賃の高さも問題になっている。資金が不十分なスタートアップにとって、従業員の住居費用は大きな課題となる。

参考文献

岡田洋祐（二〇一九）『イノベーションと技術変化の経済学』日本評論社。

# 謝　辞

本書は、ＪＥＴＲＯアジア経済研究所で二〇一七年四月から二〇一九年三月まで実施した、「アジアの起業とイノベーション」研究会の成果である。二〇一〇年代に入って、東アジア各国・地域でもスタートアップの話題が増えたことを受け、二〇一六年秋からその背景を検討するための研究会設立を準備した。研究会には、東アジアの産業発展や、アメリカのエコシステムについて調査研究してきた、九名の方々（著者略歴参照）に各章の執筆者として参加していただいた。また、うち四名の方々と、新たに三名の方々（著者略歴参照）には、コラムをご執筆いただいた。

本書の作成にあたって、執筆者のみなさまに加えて、下記の方々にご協力いただいた。研究会オブザーバとして、ＪＥＴＲＯアジア経済研究所の安倍誠氏と佐々木晶子氏、ＪＥＴＲＯの清水顕司氏と奥山亮氏には、研究会での議論に参加していただいた。

研究会開催時の講師として、金炫成氏（中京大学教授）には韓国の起業動向について、ラメシュ・ウィジェシンハ氏（スリランカ政府、早稲田大学ビジネススクール）とディルミ・クマラグル氏（スリランカ政府、早稲田大学ビジネススクール）にはスリランカの起業動向について、ご紹介いただいた。中国スタートアップの動向については、林千閠氏（深圳大千智庫咨詢有限公司総経理）、周浩勁氏（深圳大千智庫咨詢有限公司投行総監）、裘涵氏（浙江省現代電子商務研究院執行院長）、張樹人氏（浙江省現代電子商務研究院副院長）にご報告いただいた。

研究会メンバーの調査研究にあたっては、多くの専門家の方々に起業やイノベーションの動向についてご教示いただいた。高須正和氏（第6章筆者）が開催するニコニコ技術部深圳観察会にご参加の方々には、起業や技術の動向について、多くのことをご教示いただいた。同会での企業訪問と参加者との交流がなければ本書の企画は生まれなかった。また、研究会の発足に際しては、徳井直生氏（株式会社コズモ代表取締役／慶應義塾大学准教授）から日米を中心とした起業環境や技術開発動向についてうかがった。梶谷懐氏（神戸大学教授）、北洋祐氏（三菱ＵＦＪリサーチ＆コンサルティング研究員）、塩谷雅子氏（スカイライト・ゲームズ・プロデューサー）、高口康太氏（ジャーナリスト）、名倉勝氏（ビヨンド・ネクスト・ベンチャーズ株式会社マネージャー）、藤岡淳一氏（株式会社ジェネシスホールディングス代表取締役社長）、藤代康一氏（三井物産戦略研究所研究員）、渡邉真理子氏（学習院大学教授）、ＪＥＴＲＯ香港の宮下正己氏、ＪＥＴＲＯの奈良弘之氏や反町絵理氏とは、イノベーション動向について複数回にわたって意見交換の機会をいただいた。また、インタビュー調査の際、多くの企業や政府、関係機関の方々に知見や経験をご共有いただいた。本書の内容に関わる講演会やセミナーでは、参加者の皆さまと意見交換の機会をいただだいた。研究会事務局として、ＪＥＴＲＯアジア経済研究所の前嶋淳子氏、片岡照華氏、杉山恵理氏をはじめ、各部署の方々には研究活動を支援いただだいた。匿名レビュアには最終原稿を精読いただき、非常に有益なコメントをいただいた。

最後に本書の出版にあたっては、株式会社作品社の福田隆雄氏にこころよくお引き受けていただいた。また、勝康裕氏（ＪＥＴＲＯアジア経済研究所編集・出版アドバイザー）には出版の支援と編集を行なっていただいた。

非常に多くの方々の支援がなければ、研究会の運営や本書の出版を行なうことはできなかった。こころより感謝申し上げる。本書の成果をさらなる研究につなげていきたい。

二〇一九年一〇月一五日

木村　公一朗

# 索　引

## ［ABC順］

## ［アイウエオ順］

# エコシステムの構成要素

エコシステムの主な構成要素のなかでも、馴染みのない言葉を、「起業する（した）側」と、「起業を支援する側」に分けて紹介する。

エコシステム（ecosystem）：エコシステム（生態系）という言葉は、多様な要素から成る相互依存関係の総体として、さまざまな文脈でもちいられる。本書では、起業を通じたイノベーションを育む地域的な仕組みとして、起業家を中心に、投資家や政府、大学、大企業などから成るものを指す。その地理的な範囲は、国や大都市圏、都市、都市のなかのエリアなど、文脈によって異なる。なお、特定の企業が自社のビジネスを構築するためにつくったエコシステムは、ビジネス・エコシステムと呼ばれる。

## 【起業する側】

スタートアップ（startup）：新しい技術やビジネスモデルを使って急成長を目指す新興企業のこと。日本で使用されるベンチャー企業という言葉も急成長する新興企業を含むが、スタートアップは急成長するすがたをとくに強調した概念である。なお、企業の初期成長段階をスタートアップ期と呼ぶこともある。

ユニコーン（unicorn）：企業価値が10億ドル以上に急成長した未上場企業のこと。当初は珍しい存在であったが、現在は世界で300社以上に急増している。シリコンバレーを草分けに、最近は中国やインドなどの人口の多い市場でも増えている。

メイカー（maker）：3Dプリンタやオープンソース化されたツールなどを活用し、みずからものづくりを行なう個人やチームのこと。多くの経営リソースを持つ製造企業（メーカー）と区別して表記される。ものづくりが事業に結びつくこともあるが、DIY（Do It Yourself）や趣味として「自分で行なう」

ことが重視される。ものづくりのあり方が変わり、ものづくりのすそ野が広がる、というこの世界的な潮流を、メイカームーブメントと呼ぶ。この潮流は、ハードウェア・スタートアップの増加も後押ししてきた。

## 【起業を支援する側】

ベンチャーキャピタル（venture capital: VC）：複数の投資家から調達した資金を、創業間もない未上場企業の株式の一部と引き換えに出資する企業のこと。スタートアップが倒産するリスクは高いが、大成功を遂げたスタートアップが上場した場合、あるいは売却された場合、巨額の利益を得ることができる。投資家のなかでも、無限責任を負うGP（general partner）はファンドの管理や運用を行ない、報酬を得る一方で、有限責任のLP（limited partner）は運用益に対する配当を得る。なお、プライベートエクイティ（private equity: PE）ファンドは未公開株を対象にした投資ファンドのことであるため、VCファンドもその一種だが、狭義には主に成熟期の企業の再成長を促すために出資するファンドを指す。

エンジェル（angel）投資家：創業間もない企業にみずからの資金を投資する個人・組織のこと。VCよりも、創業後の早いタイミングで、少額の投資を行なうことが多い。また、多くのエンジェル投資家はみずからも起業経験がある。

アクセラレータ（accelerator）：スタートアップを選抜し、そのスタートアップの株式の一部と引き換えに出資したり、事業拡大を加速させるようなプログラムを一定期間（数か月が多い）提供する組織のこと。プログラムを修了したスタートアップが上場した際、あるいは、売却された際に大きな利益を上げることを目的とする。

インキュベータ（incubator）：入居スタートアップに、オフィススペースの提供や経営上の支援を行なう組織のこと。出資することもある。

コワーキングスペース（coworking space）：共同で利用するオフィススペースを提供する組織のこと。入居している起業家のネットワーキングを重視するところも増えている。

プラットフォーマ（platformer）：プラットフォームの提供事業者のこと。プラットフォームという言葉はさまざまな文脈で用いられるが、本書ではとくに断りがない限り、多数の売り手と買い手を結びつけるシステムのことを指す。たとえば、アリババ（阿里巴巴）が提供するEC（電子商取引）サイトやスマートフォン決済システムは、起業機会を提供したり、起業ハードルの引き下げに貢献している。

**周 少丹**（しゅう しょうたん）（第5章）
1979年生まれ。早稲田大学大学院社会科学研究科博士後期課程単位取得退学。現在，国立研究開発法人科学技術振興機構・フェロー。専門は，ソーシャルネットワーク分析，産業組織論，科学技術イノベーション政策論。主著に「中国のナショナル・イノベーション・システムの構築」（『情報の科学と技術』69巻8号，2019年），『中国の科学技術の政策変遷と発展経緯』（科学技術振興機構，2019年）など。

**高須 正和**（たかす まさかず）（第6章）
1974年生まれ。早稲田大学非常勤講師。メイカー向け製品を販売する㈱スイッチサイエンスのグローバルビジネス開発担当。深圳を拠点に世界中のメイカーフェアに参加。日本のDIYカルチャーを発信する「ニコ技輸出プロジェクト」「ニコ技深圳コミュニティ」の発起人。著書に『メイカーズのエコシステム』（インプレスR&D，2016年），訳書に，アンドリュー“バニー”ファン著『ハードウェアハッカー』（技術評論社，2018年）など。

**丁 可**（てい か）（第3章，コラム④）
1979年生まれ。名古屋大学大学院経済学研究科単位取得退学，博士（経済学）。現在，JETROアジア経済研究所副主任研究員。産業集積，グローバルバリューチェーン，起業とイノベーションといった課題を中国の事例を通じて研究。主著に『中国　産業高度化の潮流』（今井健一氏と共編著，アジア経済研究所，2007年），*Market Platforms, Industrial Clusters and Small Business Dynamics*（Edward Elgar, 2012）など。

**林 幸秀**（はやし ゆきひで）（第5章）
1948年生まれ。東京大学工学系大学院原子力工学専攻修士課程修了。文部科学省科学技術・学術政策局長，内閣府政策統括官（科学技術政策担当），文部科学審議官などを経て，現在，ライフサイエンス振興財団理事長，科学技術振興機構研究開発戦略センター特任フェロー。著書に『理科系冷遇社会』（中公新書ラクレ，2010年），『科学技術大国中国』（中公新書，2013年），『北京大学と清華大学』（丸善プラネット，2014年），『中国科学院』（同，2017年）など。

**福嶋 路**（ふくしま みち）（第1章，コラム⑦）
1969年生まれ。一橋大学大学院商学研究科博士後期課程単位取得退学，博士（経営学）。現在，東北大学大学院経済学研究科教授。専門は地域企業論。おもにクラスター形成や地域活性化における企業家活動について研究している。過去に，テキサス大学客員研究員。主著に『ハイテク・クラスターの形成とローカル・イニシアティブ』（白桃書房，2015年）など。

**牧 兼充**（まき かねたか）（序章，コラム⑧）
1978年生まれ。カリフォルニア大学サンディエゴ校修了，博士（経営学）。現在，早稲田大学ビジネススクール准教授，カリフォルニア大学サンディエゴ校ビジネススクール客員助教授など。政策研究大学院大学助教授，スタンフォード大学リサーチ・アソシエイトなどを経て現職。研究分野は，テクノロジー・マネジメント，イノベーション，アントレプレナーシップ，科学技術政策，大学の技術移転，大学発ベンチャーなど。

**丸川 知雄**（まるかわ ともお）（第7章）
1964年生まれ。東京大学経済学部卒業。現在，東京大学社会科学研究所教授。専門は，中国経済・産業。過去に，中国社会科学院，フランス東アジア研究所で客員研究員，ベルリン自由大学で客員教授。主著に『労働市場の地殻変動』（名古屋大学出版会，2002年），『現代中国の産業』（中公新書，2007年），『現代中国経済』（有斐閣，2013年），『チャイニーズ・ドリーム』（ちくま新書，2013年）など。

# 編者紹介

## 木村 公一朗（きむら こういちろう）（序章，終章，コラム⑤）

1976年生まれ。早稲田大学大学院経済学研究科修了，博士（経済学）。現在，JETROアジア経済研究所バンコク研究センター研究員。専門は，産業組織論，中国経済論。とくに，競争が企業成長にあたえる影響を研究。過去に，中国社会科学院，米国ブランダイス大学，香港大学，台湾経済研究院で客員研究員。主著に*The Growth of Chinese Electronics Firms: Globalization and Organizations*（Palgrave Macmillan, 2014）。

# 執筆者紹介（あいうえお順）

## 安倍 誠（あべ まこと）（コラム①）

1965年生まれ。一橋大学経済学部卒業。現在，JETROアジア経済研究所新領域研究センター長。専門は，韓国産業・企業論。過去に，韓国ソウル大学経営研究所，韓国対外経済政策研究院で客員研究員。主著に，『韓国財閥の成長と変容――四大グループの組織改革と資源配分構造』（岩波書店，2011年），『日韓関係史1965-2015　II 経済』（共編著，東京大学出版会，2015年）など。

## 伊藤 亜聖（いとう あせい）（第4章）

1984年生まれ。慶應義塾大学大学院経済学研究科修了，博士（経済学）。東京大学社会科学研究所准教授。大学院時代に中国人民大学，中山大学に滞在し中国経済について研究。おもな研究内容は，中国の産業発展と対外直接投資活動，そしてアジア，新興国におけるイノベーション。主著に『現代中国の産業集積――「世界の工場」とボトムアップ型経済発展』（名古屋大学出版会，2015年）。

## 伊藤 毅（いとう つよし）（コラム⑥）

1976年生まれ。東京工業大学大学院理工学研究科化学工学専攻修了後，株式会社ジャフコに入社。産学連携チームにてCYBERDYNEやSpiberなど，数多くの大学発スタートアップへの投資支援を手掛ける。2014年 8 月にBeyond Next Ventures株式会社を創業。現在累計150億円弱の資金を運用し，おもに大学発・技術系スタートアップのシードステージからのインキュベーション投資を行なう独立系アクセラレーターとして活動。

## 川上 桃子（かわかみ ももこ）（第 2 章，コラム③）

1968年生まれ。東京大学大学院経済学研究科単位取得退学，博士（経済学）。JETROアジア経済研究所地域研究センター次長。専門は台湾を中心とする東アジアの産業・企業，地域研究。主著・編著に『圧縮された産業発展――台湾ノートパソコン企業の成長メカニズム』（名古屋大学出版会 2012年），『中台関係のダイナミズムと台湾――馬英九政権期の展開』（松本はる香との共編，アジア経済研究所，2019年）など。

## 越 陽二郎（こし ようじろう）（コラム②）

1984年生まれ。東京大学卒業。現TalentEx，CEO。日本能率協会コンサルティングにて，経営戦略部・アジアチームに所属。2011年，ノボットに入社，KDDI子会社medibaへの売却にともない，同社の海外戦略部創設に参画。タイ拠点を立ち上げた後，バンコクにてTalentExを創業。タイの日本語人材採用サイトWakuWakuをはじめ，テクノロジーの力により企業活動・経済社会における“人”の価値を最大化する事業を推進。

# 東アジアのイノベーション

企業成長を支え、起業を生む〈エコシステム〉

2019年11月15日　第1刷印刷
2019年11月20日　第1刷発行

編　　　者　木村 公一朗
発　行　者　和田　肇
発　行　所　株式会社　作品社
〒102-0072 東京都千代田区飯田橋 2-7-4
電　話　03-3262-9753
ＦＡＸ　03-3292-9757
http://www.sakuhinsha.com
振　替　00160-3-27183

編　　集　勝 康裕
装　　丁　小川惟久
本文組版　(有)一企画
印刷・製本　シナノ印刷㈱

落・乱丁本はお取替えいたします。
定価はカバーに表示してあります。



ISBN978-4-86182-783-9 C0033

## タイラー・コーエンの著作

# 創造的破壊

### グローバル文化経済学とコンテンツ産業

田中秀臣 監訳・解説　浜野志保 訳

自由貿易は、私たちの文化を根絶やしにするのか？マーケットとカルチャーは敵対するのか？文化と経済の関係を知るための必読書！2011年、世界で重要な経済学者の1人に選ばれた著者の話題作！

---

# エコノミストの昼ごはん

### コーエン教授のグルメ経済学

田中秀臣 監訳・解説　浜野志保 訳

賢く食べて、格差はなくせる？　スローフードは、地球を救えるのか？ 安くて美味い店を見つける、経済法則とは？　一人、世界中で、買って、食べて、味見して、ついに見出した孤独なグルメの経済学とその実践！

## ジャック・アタリの著書

## 21世紀の歴史

**未来の人類から見た世界**

**林昌宏**訳

「世界金融危機を予見した書」——ＮＨＫ放映《ジャック・アタリ 緊急インタヴュー》で話題騒然。欧州最高の知性が、21世紀政治・経済の見通しを大胆に予測した“未来の歴史書”。amazon総合１位獲得

## 国家債務危機

**ソブリン・クライシスに、いかに対処すべきか？**

**林昌宏**訳

「世界金融危機」を予言し、世界がその発言に注目するジャック・アタリが、国家主権と公的債務の歴史を振り返りながら、今後10年の国家と世界の命運を決する債務問題の見通しを大胆に予測する。

## 金融危機後の世界

**林昌宏**訳

世界が注目するベストセラー！100年に一度と言われる、今回の金融危機——。どのように対処すべきなのか？　これからの世界はどうなるのか？ ヘンリー・キッシンジャー、アルビン・トフラー絶賛！

## ユダヤ人、世界と貨幣

**一神教と経済の4000年史**

**的場昭弘**訳

なぜ、グローバリゼーションの「勝者」であり続けるのか？　自身もユダヤ人であるジャック・アタリが、『21世紀の歴史』では、語り尽くせなかった壮大な人類史、そして資本主義の未来と歴史を語る待望の主著！

## 新世界秩序

**21世紀の“帝国の攻防”と“世界統治”**

**山本規雄**訳

30年後、世界を支配するのは誰か？日本はどうすべきか？今後、帝国の攻防の激化、ポピュリズム・原理主義の台頭で世界は無秩序とカオスへ。欧州を代表する知性が、21世紀の新世界秩序を構想する！